COLIBRI

KARIBISCHE INSELN

von
Marlies Glagow

D1380777

compact verlag

Inhalt

Symbole

 Information

 Essen und Trinken

 Nightlife

 Szene-Treffs

 Shopping

 Lifestyle

 Kultur

 Rundgang

 Colibri Geheimtip

Die Karibischen Inseln erstrecken sich in einem weiten Bogen 4.000 km lang zwischen Nord- und Südamerika und trennen das Karibische Meer und den Golf von Mexiko vom Atlantischen Ozean ab. Sie sind auch unter dem Namen **Westindien** bekannt. Diesen Namen erhielten sie durch eine irrtümliche Annahme **Kolumbus'**, der 1492 eine der Inseln der Antillen betrat, mit der festen Überzeugung, auf dem westlichen Seeweg Indien erreicht zu haben.

Nach Jahrhunderten fremder Herrschaft haben die meisten der Inselstaaten heute ihre **Unabhängigkeit** erlangt. Dennoch sind die Einflüsse der ehemaligen Eroberer überall gegenwärtig. Diese bunte Mischung aus verschiedenen **kulturellen Einflüssen** verleiht den Inseln einen besonderen Charme.

Besonders reizvoll für Urlauber ist die karibische Region durch die Vielfalt ihrer Natur. Sonne, kristallklares Meer und kilometerlange Strände laden zur **Erholung** ein. Hohe Berge, Bergseen und Wasserfälle, dicht bewachsene, schwer zugängliche Wälder, erloschene und aktive Vulkane bieten viele Möglichkeiten für den Aktivurlaub an. In den vom Leben pulsierenden Städten kann man Land und Leute besser kennenlernen. Museen, lebendige Märkte, Cafés und Bars mit der berühmten **karibischen Live-Musik** sowie Restaurants mit **exotischer Küche** lassen die Zeit hier schnell vergehen.

Die COLIBRI Systematik

COLIBRI Reiseführer sind in Kapitel eingeteilt, die aus der Übersichtskarte in der vorderen Umschlagklappe zu erkennen sind. Das COLIBRI Farbleitsystem ordnet jedem Kapitel eine Farbe zu. Dies erleichtert nach einem Blick in die Übersichtskarte das rasche Auffinden im Buch, denn die Kapitelbalken tragen dieselbe Farbe. Jedes Kapitel spielt seine Detailkarte mit allen wichtigen Sehenswürdigkeiten und CO-LIBRI Geheimtips voraus. Die Sehenswürdigkeiten innerhalb der Kapitel sind in alphabetischer Reihenfolge angeordnet, numeriert und als Punkte in den Detailkarten eingezeichnet. Durch die Einteilung in die Kategorien „Kunst und Kultur" (blau), „Sehenswürdigkeit" (grün) und „Erlebnis" (rot) kann sich jeder Benutzer Rundgänge bzw. Rundfahrten nach individuellen Vorlieben leicht selbst zusammenstellen. Zudem sind drei Rundfahrten zu den jeweils interessantesten Sehenswürdigkeiten in die Karten eingetragen und im Text mit einem Sternchen (★) gekennzeichnet.

Im Anschluß an die Stichworttexte sind Tipadressen genannt, die sich in unmittelbarer Nähe befinden. Die Tips für „Essen und Trinken", „Nightlife", „Szene-Treffs", „Shopping", „Lifestyle" und „Kultur" lassen sich durch die Symbole leicht identifizieren. COLIBRI Geheimtips im gelben Kasten sind besonders originelle Hinweise von Einheimischen.

Den Anhang bilden Kurzinformationen zur Geschichte, praktische Tips und das Stichwortverzeichnis.

Jamaika und Cayman Islands

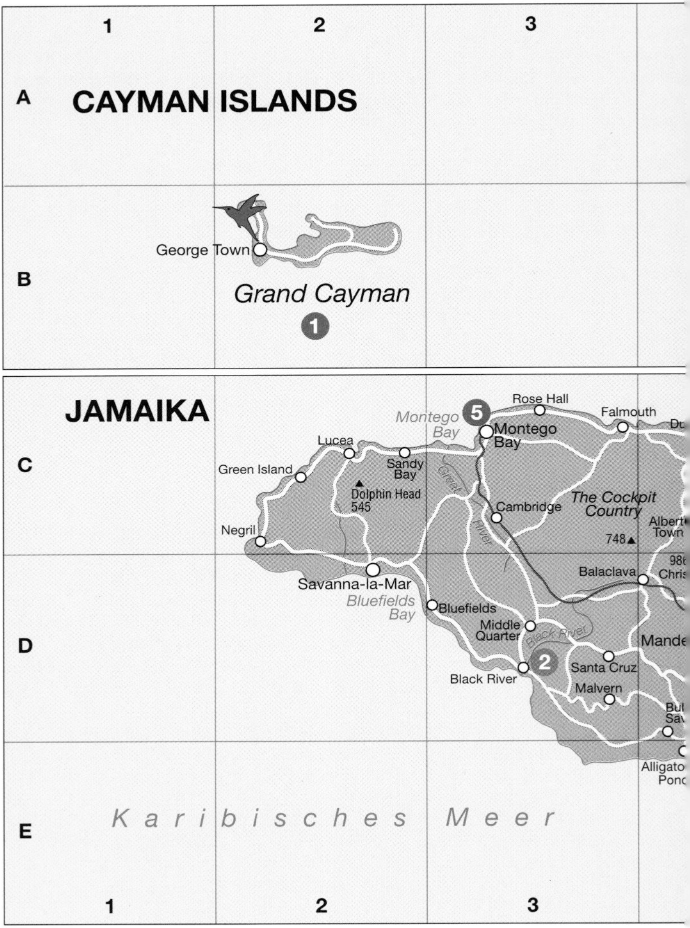

CAYMAN ISLANDS

George Town

Grand Cayman
1

JAMAIKA

Montego Bay **5** Montego Bay
Rose Hall
Falmouth

Lucea
Sandy Bay
Green Island
Dolphin Head 545
Cambridge
The Cockpit Country
Albert Town
748▲

Negril

Savanna-la-Mar
Bluefields Bay
Bluefields
Middle Quarter
Black River
2
Santa Cruz
Malvern

Balaclava
Chris
Mande

Bul Sav

Alligato Pond

K a r i b i s c h e s   M e e r

South Town ○ West End ○   *Cayman Brac*

Little Cayman ❶

A

N

25 km

K a r i b i s c h e s   M e e r

B

St. Ann's Bay ○   Oracabessa ○
Ocho Rios ○   ○ Port Maria

C

Alexandria ○

Cave Valley ○   1030 ▲   Richmond ○   Annotto Bay ○

kfield ○   Ewarton ○   Buff Bay ○   Hope Bay ○   Port Antonio ○ ❻

White River

Blue Mountains

pelton ○
us ○   ○ Bog Walk   **Kingston**   1050 ▲   Machioneal ○

D

May Pen ○   Spanish Town ○   ❹   Blue Mountain Peak 2256 ▲ ❸   Hectors River ○

Rest ○   Old Harbour ○   Port Royal ○   Bull Bay ○   Yallahs Hill 730 ▲   *Holland Bay*

ionel Town ○   Yallahs ○   Morant Bay ○

Portland Bight

E

—— Vorschlag für eine Tagesrundfahrt zu interessanten Sehenswürdigkeiten Jamaikas

Ein Doktorfisch vor einer Steinkoralle

Südlich von Kuba liegen die britischen Caymans, bestehend aus drei Inseln, die die **Gipfel** eines unter Wasser gelegenen **Gebirges** sind. Sie wurden in Stevensons „Schatzinsel" verewigt – wer hat das berühmte Buch nicht gelesen und nicht von verborgenen Schätzen geträumt, die es angeblich noch heute hier geben soll? **Korallenriffe** schützen die kleine Inselgruppe nach Osten und Westen. Über den Cayman Trench gelangt man zur nächsten Insel der Großen Antillen, die die Herzen der Musikfreunde höherschlagen läßt: Jamaika, die Heimat des Reggae und der Rasta. Und wie überall in der Karibik gibt es auch hier das im Überfluß, wovon man so gerne träumt: strahlendweiße Strände, türkisblaues Meer, eine einmalige Landschaft: Jamaika soll von Kolumbus als die schönste Insel der Antillen bezeichnet worden sein.

ℹ️ Aus drei Inseln bestehende Inselgruppe, ca. 290 km nordwestlich von Jamaika gelegen. Department of Tourism: 4th floor, Harbour Centre, North Church Street, George Town, Grand Cayman.

Die größte und belebteste Insel der Gruppe, Gipfel einer Kalksteinbergkette, die sich 7.680 m über dem Cayman-Graben erhebt, ist Grand Cayman. Die Insel ist umgeben von herrlichen Korallenriffen, die die traumhaft schönen Buchten und Strände schützen – ein Paradies für Taucher. So haben sich auch einige der Hotels am **Seven Mile Beach**, dem größten Urlaubsgebiet auf Grand Cayman, rein auf Tauchurlauber spezialisiert und sind mit allem technisch Notwendigen ausgerüstet (Dekompressionskammer im Krankenhaus von George Town). Sie bieten – nach einer notwendigen Einführung durch Tauchschulen – Tauchgänge in die Wunderwelt des Meeres. Wem der Strand Seven Mile Beach – übrigens nur 9 km lang – zu bevölkert ist, findet ein Plätzchen fern vom Trubel südlich der Hauptstadt George Town in Smith's Cove oder an den ruhigen nördlichen Stränden von **Cayman Kai** in George Town, der einzigen „richtigen" Stadt der Inseln, leben die meisten der 29.000 Einwohner der Caymans. Die Stadt, eine Mischung aus modernen Betonbauten und karibischen Holzhäuschen, liegt im Südwesten der Insel. Wirklich lebendig wird es hier nur nach Ankunft von Kreuzfahrtschiffen und zu den beiden großen Festen: dem **Karneval von Botabano** im April und der **Piratenwoche** im Oktober.

Letztere wird teilweise durch das **Cayman Maritime and Treasure Museum** gesponsert, das die Inselgeschichte von der Entdeckung durch Kolumbus 1503 bis heute dokumentiert – Piraterie und Schatzsuche sind hier inbegriffen.

Im Süden der Insel wurde seinerzeit ein diesbezüglich augenfälliges Baudenkmal errichtet: Die „chinesische Mauer" bei Bodden Town, 6 km lang, diente zum Schutz vor Piratenüberfällen. Zum gleichen Zweck gebaut wurde Ende des 17. Jh.s **Pedro's Castle**, kurz hinter Savannah gelegen, das das älteste Bauwerk der Insel ist. Bei Cayman Palms – zwischen Savannah und Bodden Town – liegt der Botanische Garten **Queen Elisabeth**. Hier kann auch ein Laie etwas lernen, da die Pflanzen sorgfältig beschriftet sind.

Nördlich von George Town geht es vorbei an Seven Mile Beach auf direktem Weg in die „Hölle". Der kleine Ort **Hell** besitzt dank seines Namens eine touristische Attraktion: Hier werden eigene einschlägi-ge Briefmarken verkauft und mit „Hell" abgestempelt. Kein Wunder, daß die Beamten Tag und Nacht mit Stempeln beschäftigt sind! Was der Empfänger jedoch meistens nicht weiß: „Hell" bedeutet auf den Caymans soviel wie Grotte und nicht Hölle!

Ganz in der Nähe befindet sich eine **Schildkrötenfarm**. Nur 5 % der hier geschlüpften kleinen Schildkröten werden in der freien Natur ausgesetzt, der Rest ist zum Verzehr bestimmt. Durch Proteste der Naturschutzorganisationen ist der Export der Tiere eingestellt worden.

Etwa 140 km von Grand Cayman entfernt liegen die beiden anderen Inseln **Cayman Brac** und **Little Cayman**. Cayman Brac hat seinen Namen vom gälischen Wort für Klippe, die hier steil aus dem Meer aufragt. Hier trifft man auf Felswände, Höhlen, Korallenriffe und die Wracks längst versunkener Segler.

Das ist ein wahres **Tauchparadies**. Allerdings wird dringend geraten, sich vor dem ersten Tauchgang einem Eignungstest zu unterziehen, um mögliche Risiken zu vermeiden. Taucher sollten sich vorher auch erkundigen, ob ihr Tauchschein international anerkannt ist und auch auf den Caymans Gültigkeit hat. Um sowohl die Natur als auch die Taucher zu schützen (der „Mount Everest" der Caymans fällt fast 7.000 m ab!), sind besondere Qualifikationen unabdingbar.

Cayman Brac soll Vorlage für Stevensons Roman „Die Schatzinsel" gewesen sein. Auch heute wird hier von **verschollenen Inselschätzen** gemunkelt.

Wem mehr nach Naturbeobachtung zu Lande ist, dem sei ein Besuch des **Bird Sanctuary** empfohlen, das für seine verschiedenen Vogelarten berühmt ist. Das Fernglas sollte man dabei nicht vergessen!

Yucca-Blüte

Jamaika und Cayman Islands

Kolibris sieht man überall

COLIBRI GEHEIMTIP

Wem Tauchen nicht unbedingt zusagt, der kann sich mit dem **Atlantis Submarine** (Tel. 9 49 77 00), das in der Nähe von George Town in eine Tiefe von 36 m abtaucht, einen Eindruck von der Unterwasserwelt verschaffen. Der Ausflug mit dem U-Boot ist ein Erlebnis für sich. (B2)

Little Cayman ist die kleinste der drei Inseln: 11 km südöstlich von Cayman Brac gelegen, hat sie nicht einmal 60 Einwohner. Dafür kann man hier umso mehr Vogelarten und Leguane beobachten.

Die Insel ist das Anglerparadies schlechthin – Thun-, Fächer- und Schwertfische sowie Wahoos und zahlreiche andere Fischarten kann man hier ganzjährig angeln.

Das für seine Musik berühmte **Jamaika** ist eine Insel der Großen Antillen, zwischen Kuba im Norden und Haiti im Süden gelegen. Sie bietet neben dem mitreißenden **Reggae** alte Kolonialstädte, in denen die Zeit stehengeblieben zu sein scheint, kilometerlange, weiße Traumstrände, dichten Regenwald, farbenprächtige Blüten von Orchideen und verschiedenen Hibiskussorten, hohe vulkanische Bergketten, schöne alte Plantagen – kurz: alles, was man sich unter einem Urlaub in der Karibik vorstellt.

Black River und der Süden 2

Nach dem gleichnamigen Fluß benannte Gegend im Südwesten der Insel.

Im Schatten der Bambuspflanzen

Jamaikas Südwesten ist ein vom Fremdenverkehr noch relativ **unberührtes Gebiet**, das seine Natürlichkeit bewahrt hat.

Der heutige **Fischerort** Black River selbst entstand erst vor knapp 100 Jahren, als die **Indigoproduktion** hoch im Kurs stand.

Heute eher verarmt, besitzt er noch immer hübsche, kleine Holzhäuser, die – obwohl teilweise wenig gepflegt – durchaus ihren Charme haben. Von hier aus kann man mit dem Boot Ausflüge flußaufwärts unternehmen, bei denen man **Mangrovenwälder** und einen Teil der größten Sumpflandschaft der Insel durchquert – ein faszinierendes Erlebnis, bei dem man mit etwas Glück sogar **Krokodile** zu sehen bekommt.

Nördlich der Stadt Black River führt die Hauptstraße zu einer anderen Naturschönheit, der **Bamboo Avenue**: Riesige **Bambuspflanzen** bilden auf einer Länge von fast 5 km eine Art Tunnel über der Straße.

Noch ein Stück weiter Richtung Norden erreicht man die **YS-Wasserfälle**, die sich in viele Bassins ergießen, in denen man baden kann. – Auch die Strände von Black River sind wunderschön: vor allem der **Treasure Beach** im Südwesten oder **Bluefields** östlich von Savanna-la-Mar.

★ **Blue Mountains** **3**

ℹ Höchste Bergkette im Osten Jamaikas

Die „Blauen Berge" sind mit 2.256 m das dritthöchste Gebirge der Westindischen Inseln. Sie fallen nach Westen hin sanft ab, sind jedoch häufig von querverlaufenden tiefen Schluchten und Tälern durchzogen, die mit üppiger tropischer und subtropischer Vegetation bedeckt sind und von unzähligen erfrischenden Wasserfällen ergänzt werden – ein Mekka für Bergwanderer, das die Indianer nicht umsonst Xayamaca – „Land des Holzes und des Wassers" – nannten. Geführte Bergtouren werden von der Maya-Lodge nahe des Jacks Hill organisiert. Durch diese faszinierende Bergwelt führen mehrere Straßen, so z.B. von **Annotto Bay**, an der Nordküste gelegen, über Castletown nach Kingston. Auf dieser Strecke kommt man an den bereits 1862 angelegten **Hope Botanical Gardens** vorbei, die sich an einem Fluß entlangziehen und mit einer Vielzahl von herrlichen exotischen Pflanzen, Schmetterlingen und Vögeln locken (geöffnet tgl. 6 – 18 bzw. 19 Uhr im Sommer). Ein anderer Weg steigt ab Papine auf, passiert Schluchten und Täler mit Obst- und Gemüsekulturen und erreicht schließlich Clydesdale, von wo aus eine kleine Straße zum östlich gelegenen Cinchona führt. In der Nähe kann man die Plantagen der Cinchona – Bäume be-

COLIBRI GEHEIMTIP

Einen traumhaft schönen Blick von den Höhen der Blue Mountains auf die südlich gelegene Hauptstadt Kingston kann man bei einem Erfrischungsgetränk in der **Ivor-Lodge** genießen, die auf dem **Jacks Hill** liegt. (D6)

Für Nachwuchs ist gesorgt

wundern, aus denen früher **Chinin** gewonnen wurde. Südlich davon liegt Guava Ridge mit der Destillerie Rum World's End, und nördlich, am Silver Hill, kann man eine der weltberühmten Kaffee-Plantagen der Blue Mountains besichtigen.

★ **Kingston** 4

ℹ️ Hauptstadt Jamaikas, im Südosten der Insel gelegen. Internationaler Flughafen. Nationale Flug-, Zug-, Bus- und Straßenverbindungen in alle Richtungen. Tourist Board: 21 Dominica Drive, Tel. 9 29 92 00.

In Kingston, dem wirtschaftlichen und kulturellen Zentrum des Staates, lebt mehr als ein Drittel der Inselbevölkerung. Die Stadt besitzt den siebtgrößten Hafen der Welt und noch so manche schöne Kolonialhäuser und Museen. Eine Stadtbesichtigung kann man am **Ocean Boulevard** beginnen. Knapp einen Kilometer lang führt er am Jamaican Conference Centre und der Negro Aroused Statue vorbei – letztere wurde von Jamaikas berühmtester Bildhauerin und Frau des früheren Präsidenten **Edna Manley** entworfen – zur National Gallery (Nr. 12; Mo - Fr 10 - 17 Uhr). Hier finden sich u. a. eine sehr interessante Ausstellung über die kulturellen Gemeinsamkeiten von Christentum und Rasta sowie

eine Bronzestatue des allgegenwärtigen **Bob Marley**. Weiter westlich kommt man zum Fischerhafen und dem **Crafts**-**Market**. Dieser Markt für Kunsthandwerk, in einem eisernen Bau von 1862 untergebracht, ist Anlaufstelle für jeden Besucher. Das Handeln darf hier nicht vergessen werden. Über die King Street in Richtung Norden erreicht man die Parade, die den William Grant Park umgibt. Hier befindet man sich im Herzen der Altstadt. Hunderte von Straßenhändlern liefern sich lautstark ein Gefecht um eventuelle Kunden. Ein paar Blocks weiter befindet sich

der Jubilee Market, auch **Corona Markt** genannt, Jamaikas größter **Flohmarkt**. An der Südostecke des Grant Parks steht die blendend weiße Kingston Parish Church. Nur wer im Klangbereich ihrer Glocken geboren ist, gilt als echter „Kingstonian". Strahlend himmelblau und weiß abgesetzt leuchtet das Gebäude auf der gegenüberliegenden Parkseite: das **Ward Theatre**. Auch dieser Bau wurde, wie die meisten anderen, 1907 neu errichtet, nachdem die ursprünglichen Gebäude durch ein Erdbeben zerstört worden waren. Westlich des Theaters steht die

Obstverkäuferin am Straßenrand

Bramwell Booth Memorial Hall: ganz in Rosa präsentiert sich dieses Hauptquartier der Heilsarmee. Über die Duke Street, östlich der Eastern Parade, kommt man zum **Gordon House**, dem Parlamentssitz (Besichtigungen sind nach Vereinbarung möglich), und zu der einzigen Synagoge Jamaikas (Ecke Charles St.). Folgt man in östlicher Richtung der North Street, erreicht man die **Holy Trinity Cathedral**, die an die berühmte Hagia Sophia in Istanbul erinnert. Imponierend ist die riesige Kuppel, flankiert von vier Minaretten. Der Einfluß des spanisch-maurischen Baustils ist unverkennbar. Weiter nördlich liegt der National Heroes Park mit vielen Statuen von Nationalhelden – dazwischen tummeln sich wilde Ziegen. Über die Marescaux Road im Westen erreicht man die Hope Street und New Kingston. Die Marescaux Road wird von Jamaikas Nationalbäumen, den Lignum Vitae, flankiert. Die Blüten dieser Bäume blühen zuerst bordeauxfarben und wechseln später in leuchtendes Gelb. Kingstons größte Sehenswürdigkeit ist das **Bob Marley Museum**, das in dessen ehemaligem Wohnhaus in der Hope Road 56 untergebracht ist (geöffnet Mo, Di, Do, Fr 9.30 - 17 Uhr, Mi und Sa 12.30 - 18 Uhr).

Unter äthiopischer Flagge befindet sich der Eingang des kleinen Anwesens, in dem Marley einst die Tuff Gong Recording Studios untergebracht hatte. Im Vorhof steht eine buntbemalte Statue der Musik-Legende mit Gitarre, Fußball und Selassie-Portrait zu Füßen. Im Haus sieht man Schallplatten aus Gold und Platin neben Rastafari-Symbolen, ein **Wandgemälde**, das einen Tag aus dem Leben des Superstars zum Inhalt hat, Media Clippings und vieles mehr. Die Besichtigung schließt mit einem sehenswerten Film über Marleys letzte Tage, gezeigt im ehemaligen Studio. Wer nach soviel Musikkultur Hunger hat, dem sei ein Snack im Queen of Sheba Restaurant vor Ort empfohlen.

Wer im Oktober das **Münchener Oktoberfest** vermißt: Es findet auch hier bei traditioneller bayerischer Musik statt. Auskünfte sind bei der Deutschen Gesellschaft von Jamaika erhältlich: Tel. 9 27 64 08.

Gleich in der Nähe (Eastwood Park Rd. 19 - 21 nahe Half Way Tree) ist etwas für Leute,

Bands sorgen für gute Stimmung

13

die es etwas ruhiger mögen – der **Countryside Club**: Dinner auf einer Holzterrasse, dazu eine Bar und Tanz bei Live-Musik.

Echte äthiopische Kräuter-Gesundheitskost serviert Marleys frühere Köchin **Mignon Phillips** im **„Minnie's"**, 170 Old Hope Road, Reservierung unter Tel. 9 27 92 07.

Bob Marleys Sohn **Ziggy Marley** hat nach der Einrichtung eines Museums am alten Standort die **Tuff Gong Recording Studios** in der Marcus Garvey Drive 220 (im Südwesten der Stadt) untergebracht. Die Studios, stark von Musikern und Groupies besucht, sind frei zu besichtigen; den Stars kann man mit etwas Glück bei Aufnahmen zusehen.

Blick auf Montego Bay

Montego Bay 5

Im Nordwesten der Insel gelegen. Internationaler Flughafen. Tourist Office: Gloucester Avenue, nahe Cornwall Beach. Tel. 9 52 44 25.

MoBay, wie die zweitgrößte Stadt Jamaikas auch genannt wird, ist die unbestrittene Hauptstadt des Fremdenverkehrs, wenn auch weit vom „echten Inselflair" entfernt. Doch findet man dies nur ein paar Kilometer südlich davon in den Bergen mit ihren kleinen Dörfern wieder. Einige von ihnen, wie Sea-

fordtown oder Accompong im Cockpit Country südlich von Falmouth, waren Zufluchtsort entlaufener Sklaven und haben eine ereignisreiche und ungewöhnliche Geschichte hinter sich, deren Spuren man bis heute folgen kann. Die Gegend besitzt die größte Ansammlung alter **Kolonialstilbauten** und **Plantagen**, die teilweise noch in Betrieb sind.

Downtown MoBay, südlich der Hotelmeile gelegen, ist ein Wirrwarr kleiner Straßen mit tosendem Verkehr. Ähnlich geht es auf der „Flanier-Meile", der Gloucester Avenue, zu. Im

Stadtzentrum rund um den **Sam Sharpe Square**, benannt nach dem 1831 hingerichteten Anführer eines Sklavenaufstandes, werden grellbunte T-Shirts, Erdnüsse und Fruchteis verkauft. Auf dem nahegelegenen Crafts-Market gibt es hübsche Souvenirs.

★ Port Antonio und der Norden 6

Im Nordosten der Insel. Tourist Office: City Center Plaza, 2. Stock, West St. Ecke Harbour St. Tel. 9 93 26 30.

Der Nordosten Jamaikas hat mit der riesigen Region

um MoBay kaum etwas gemeinsam und ist relativ unbekannt – das macht den besonderen Charme dieser Gegend aus. Die Ausläufer der Blue Mountains bilden den romantischen Hintergrund Port Antonios, eines kleinen, ursprünglichen Städtchens, wunderschön an einer weitläufigen Bucht gelegen. Früher ein bekanntes Seebad mit berühmten Gästen wie Errol Flynn und **Bette Davis** hat der Ort durch den Rückgang seiner Bananenkulturen etwas gelitten, konnte aber seinen alten Charme bewahren. Den schönsten Blick auf die Stadt hat man vom **Hotel Bonnie View** aus, das über dem Hafen und der Altstadt steht – in der Ferne sieht man Navy Island.

Weiter östlich von Port Antonio liegt das Blue Hole.

Dieser zauberhafte Ort wirkt wie ein riesiges, natürlich gebildetes, palmenumgebenes Meeresschwimmbad.

Danach erreicht man die Ostküste: Sie erstreckt sich zu Füßen der John Crow Mountains, wirkt unberührt, wild und unzugänglich – so hat man die kleinen, schmalen Buchten zwischen den winzigen Fischerdörfern meist für sich allein. Kurz vor und hinter Boston Bay erreicht man weitere schöne Küstenabschnitte: die berühmte **Blue Lagoon**, Kulisse für viele Filme, Boston Bay sowie das Sam Street African Museum bei Long Bay und schließlich die Reach Falls bei Manchioneal. Das Morant Point Light House liegt ganz im Südosten, und die Fahrt dorthin stellt ein großes Abenteuer dar.

Nordwestlich führt die A4 der Küste entlang von Port Antonio nach **Ocho Rios**, dem zweitgrößten Touristenzentrum der Insel nach MoBay, mit schönen, gepflegten Anlagen, herrlichen Stränden und Hochhäusern. „Ochie", wie die Einwohner ihre Stadt liebevoll nennen, ist auch für ihr Hinterland berühmt.

Die **Dunn's River Falls**, die aus 200 m Höhe in Kalkbassins fallen und die man zu Fuß (in Badebekleidung!) erklimmt, bilden eine besondere Attraktion. Ebenfalls sehenswert sind die **Shaw Park Gardens** mit atemberaubender tropischer Vegetation.

Der **Fern Gully** ist eine 5 km lange **Schlucht**. Riesige Farngewächse und Bäume bilden hier eine Art Bogentunnel über der Straße.

Bade- und Kletterspaß an den Dunn's River Falls

Inseln unter dem Wind

1 | **2** | **3**

❸ **Martinique** ❷ **Grenada**

Grand'Rivière
Mont Pelée 1397 ▲

A Le Prêcheur
Saint-Pierre
Pitons du Carbet 1196 ▲
Sainte-Marie
Pointe du Diable
La Trinité

Schoelcher
Le Lamentin
Le François
Fort-de-France
Ducos

B Morne Bigot 460 ▲
Sainte-Luce
Le Marin

Karibisches Meer

Pointe d'Enfer

Sauteurs
Gouyave
Mt. St. Catherine 840 ▲
Greenville
Saint George's

❹ **St. Lucia** ❺

C Gros Islet
Castries
Mount Monier 414 ▲
La Sorcière 677 ▲
Dennery

Mout Gimié 950 ▲
Soufrière
Micoud

D Vieux Fort

ATLANTISCHER OZEAN

Fancy
La Soufrière 1243 ▲
Crater Lake
Chateaubelair
Richmond Peak 1074 ▲
Georgetow
Kingstown

St. Vincer

Port Elisabeth
Bequia

Mustique

Grenadinen

Canouan

E ↑ N
25 km

Union Island

1 | **2** | **3**

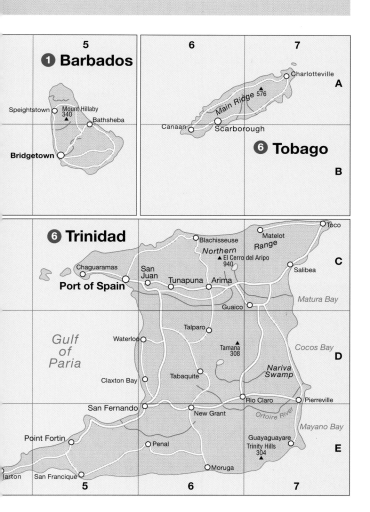

1 Barbados

Speightstown
Mount Hillaby
340 ▲
Bathsheba

Bridgetown

6 Tobago

Charlotteville
Main Ridge 576 ▲
Canaan
Scarborough

6 Trinidad

Blachisseuse
Northern
Matelot
Range
▲ El Cerro del Aripo
940
Toco
Chaguaramas
San Juan
Tunapuna
Arima
Salibea
Port of Spain
Matura Bay
Guaico
Talparo
Waterloo
Gulf of Paria
▲ Tamana
308
Cocos Bay
Claxton Bay
Tabaquite
Nariva Swamp
Rio Claro
Pierreville
San Fernando
New Grant
Ortoire River
Mayano Bay
Point Fortin
Penal
Guayaguayare
Trinity Hills
304 ▲
larton
San Francique
Moruga

Inseln unter dem Wind

Durch landschaftliche Vielseitigkeit zeichnen sich die Windward Islands, die Inseln unter dem Wind, aus. Da sind Zuckerrohrplantagen, die an das traurige Kapitel der Sklaverei erinnern, da sind **Bananenplantagen**, deren Früchte – grün und gegrillt – einen wesentlichen Bestandteil der einheimischen Küche ausmachen. Hier trifft man auf die in ihrer Schönheit oft verkannten tropischen **Wälder** und auf **Vulkane**, deren Ausbrüche vielfach Narben hinterlassen haben, die man bis heute sieht. Es gibt zauberhafte Orte mit buntbemalten Häusern, farbenprächtige Märkte mit intensiven Gerüchen, lebhafte Musik und Orte, an denen man die Stille genießen kann.

Die Inseln bieten für jeden, der sie vorbehaltlos und mit offenen Augen besucht, einen unendlichen Reichtum. Der Maler **Paul Gauguin** hat dies über seine Wahlheimat Martinique kurz und prägnant ausgedrückt: „Nur hier kann ich ich selbst sein".

Barbados 1

ℹ Die Insel gehört zum British Commonwealth. Als östlichste der karibischen Inseln liegt sie ca. 430 km nordöstlich vor Venezuela. Internationaler Flughafen Grantley Adams, ca. 18 km östlich von Bridgetown. Gut ausgebautes Straßennetz. Tourismusbüro: Harbour Road, Bridgetown.

Barbados, dessen Form der einer Birne ähnelt, besticht durch ausgeprägte landschaftliche Kontraste: Unverfälscht und rauh zeigt sich die **Atlantikküste** im Osten; ruhiges Wasser findet sich im Westen. Smaragdgrün plätschern die Wellen hier gegen die endlosen weißen Sandstrände. Der Tourismus und die mit viel Feingefühl der Umgebung eingepaßten Hotelanlagen haben die natürliche Schönheit dieser Karibikküste nicht beeinträchtigt. Barbados hat noch einen besonderen Reiz: Sie gilt als sehr britische Insel der Antillen, als „Klein-England in der Karibik", und die „Bajans", ihre Bewohner, sind stolz darauf.

Die Hauptstadt der Insel ist **Bridgetown**, die sich um den Meeresarm Careenage einen historischen Altstadtkern erhalten konnte. Besonders sehenswert ist hier eine der ältesten **Synagogen** des amerikanischen Kontinents (1654). Zentrum der Stadt ist der Trafalgar Square mit dazugehöriger Nelson Statue. Von hier zweigt eine belebte Einkaufsstraße ab, die **Broad Street**, deren zahlreiche Boutiquen in eleganten Kolonialhäusern

Bananenblüte

Brandung an der Atlantikküste

Unweit von Bridgetown (ca. 2 km entfernt) liegt an der „2" das Tyrol Cot Heritage Village (Mo - Fr von 9 - 17 Uhr), ein Museumsdorf, in dem man Handwerker bei ihrer traditionellen Arbeit beobachten kann. Das Herrenhaus, die Sklavenunterkünfte und eine wie in alten Zeiten funktionsfähige Hufschmiede können besichtigt werden. Hier findet man auch bunte **„chattels"**, kleine bewegliche Häuser für Plantagenarbeiter, wie man sie überall auf der Insel sehen kann. Sämtliche Produkte der Tyrol Cot können käuflich erworben werden.

untergebracht sind. Nördlich davon erstreckt sich die Swan Street mit dem Fairchild Markt – traumhaft schön und mit allen karibischen Genüssen und tropischen Farben versehen. Verblüffend wirkt der Rastafari Straßenmarkt in der Temple Lane.

Nicht weit davon liegt das Künstlerviertel **Pelican-Village** mit zahllosen kleinen Kunstgalerien und Verkaufsständen. Beeindruckend ist die **St. Michael's Cathedral** aus dem Ende des 18. Jhs, ein Hafen der Ruhe in der belebten Altstadt.

Inselgeschichte wird im **Barbados Museum** dokumentiert, untergebracht im ehemaligen Militärgefängnis von Garrison Savannah (Mo - Sa von 9 - 17, So 14 - 18 Uhr).

Ehemalige britische Kolonie: Barbados

Typisches Chattel House

Wer von Bridgetown einmal um die Insel fährt, erreicht in nördlicher Richtung an der Westküste die **West India Rum Distillery** (Besichtigung mit Rumprobe ist möglich) und **Hole-**

St. Michael's Cathedrale

town, die älteste Siedlung auf Barbados, die um 1627 entstand. Interessant ist die um 1660 errichtete **St. James Parish Church**, kürzlich restauriert, mit einem Taufbecken von 1684

und mit der König William III. gewidmeten Glocke von 1694.

Ein Stück östlich liegt an der 2A das **Sugar Machinery Museum** und die **Portvale Sugar Factory** (Mo - Sa von 9 - 17 Uhr, außer an Feiertagen). Zur Zeit der Zuckerrohrernte kann man von Februar bis Mai auch die moderne Fabrik besuchen und sich über die verschiedenen Schritte der Zuckerproduktion informieren lassen.

Nördlich, wieder an der Westküste entlang, erreicht man **Speightstown**, den ältesten Zuckerhafen der Insel. Er wirkt heute leicht verschlafen, ist jedoch typisch für die Ortschaften der Südlichen Antillen. Hübsche kleine Holzhäuser, alte Kirchen, nette Läden

Arbeiter im Zuckerrohr-Feld

und ein paar gemütliche Pubs finden sich hier. Nördlich davon liegen fast menschenleere Traumstrände. Über die 1B gelangt man in nordöstlicher Richtung nach **North Point** mit der **Animal Flower Cave** – einer vom Meer in die Korallenfelsen ausgewaschenen Höhle, die in allen Farbschattierungen leuchtet.

Auch das Inselinnere hat viel zu bieten: Zuckerplantagen bei **St. John**, **St. Peter** und **St. Phillip**, von denen einige noch in Betrieb sind. Vom auf diese Weise erlangten Reichtum zeugt **St. Nicholas Abbey**, ein Herrenhaus aus der Epoche der großen Plantagen, ausgestattet mit Rundbögen und herrlichen Gärten. Ebenfalls interessant ist die originalgetreu renovierte **Morgan Lewis Mill**, eine holländische Windmühle (Mo - Sa von 9 - 17 Uhr) aus der gleichen Zeit.

Ein Stück westlich der Mühle liegt an der „1" das Barbados Wildlife Reserve (tgl. 10 - 17 Uhr), in dem die Tiere sich frei bewegen können. Es ist wunderschön, sie zu beobachten. Hierbei muß man jedoch unbedingt die Parkregelungen respektieren! An das Reservat angeschlossen ist die **Grenade Hall Forest and Signal Station**, die einen ausgesprochen lehrreichen Einblick in das empfindliche Ökosystem gewährt. Außerdem hat man von der im 19. Jh. errichteten Signal Station einen der spektakulärsten Blicke über die Insel.

Ein Stück südlich erreicht man über die „2" den **Flower Forest** (tgl. 9 - 17 Uhr). Hier wird man von der unglaublichen Blüten- und Farbenpracht der Tropen fasziniert. Nicht weit entfernt liegt in südlicher Richtung **Welchman's Hall Gully**, eine tiefe Schlucht, die im 19. Jh. mit 200 verschiedenen seltenen Obst- und Gewürzbaumsorten bepflanzt wurde. Die Schlucht war ursprünglich Teil eines Höhlensystems, dessen Dach einfiel und so die heutige Form bildete. Erfrischend sind die kühlen Grotten mit den faszinierenden Steinformationen und die unterirdischen Flußarme von Harrison's Cave (tgl. 9 - 17, letzte Führung 16 Uhr).

Wer die Küstenstraße gewählt hat, fährt die East Coast Road entlang. Hier brechen sich tosende Atlantikwellen an der wildromantischen Felsküste. Bald erreicht man die **Andromeda Gardens** bei Bathsheba. Zwischen den

Animal Flower Cave

Inseln unter dem Wind

üppigen Tropenpflanzen des terrassenförmig angelegten botanischen Gartens fühlen sich auch viele Tiere zu Hause. Die Andromeda Gardens (tgl. außer feiertags 9 - 17 Uhr) liegen in einer der schönsten Gegenden der Insel – die Ausblicke sind atemberaubend. Weiter in südöstlicher Richtung kommt man zum **Codrington College**, einer Schule, die 1745 erbaut wurde. Westlich im Inselinneren gelegen, befindet sich **Ashford Bird Park**, ein nicht nur für Ornithologen interessanter Vogelpark.

Von beiden beschriebenen Strecken aus erreicht man dann die **Gun Hill Signal Station**, in den Hügeln von St. George gelegen. 1818 zur rechtzeitigen Sichtung eventueller Piratenschiffe gebaut, bietet die Station

traumhaft schöne Ausblicke über den Süden von Barbados. Vorbei an der sehenswerten St. George Parish Church kommt man dann zurück nach Bridgetown.

Island Safari organisiert Land Rover Safaris zu den schönsten Plätzen der Insel, die mit normalen Fahrzeugen teilweise nicht erreicht werden können. Nähere Informationen sind erhältlich bei: Sunset Crest, St. James, Tel. 4 32 53 37.

Töpferarbeiten aus Barbados sind ausgesprochen schön und originell. Ihre Herstellung kann man in der **Earthworks Pottery** bei Shop Hill, südwestlich der Harrison's Cave beobachten (Mo - Fr von 9 - 17 Uhr).

Zu **versunkenen Schiffswracks** kann man an der Westküste tauchen. Man sollte dies allerdings nicht auf eigene Faust, sondern nur unter Führung strömungs- und ortskundiger, erfahrener Taucher tun. Auskünfte im: Hightide, Sandy Lane Hotel, St. James, Tel. 4 32 09 31.

Für Golfer werden Träume wahr – einmal auf einem **Robert Trent Jones Parcours** spielen. Hinter dem Sandy Lane Strand im Westen der Insel ist dies möglich.

Unbedingt genießen muß man die Insel-Spezialitäten: ein Frikassee aus **fliegenden Fischen** oder **Seeigel Ragout**. Diese Köstlichkeiten sind überall an der Küste zu haben. Das Restaurant-Angebot ist auf Barbados riesig, die Gerichte sind hervorragend, und schon bei einem Blick auf die Speisekarte läuft dem Gast das Wasser im Mund zusammen.

Star des Nachtlebens von Barbados ist das **After Dark** im Entertainment Centre „Gateways" am St. Lawrence Cap in Christchurch (tgl. ab 21 Uhr). Im After Dark Club serviert der „Tambourine Man", der berühmteste Barmann der Insel. Ein Jazz-Club swingt zu angenehmen Rhythmen. Mehrere Bars und Tanzflächen unter freiem Himmel sowie

Codrington College

Bühnen mit Live-Musik und Shows runden das Angebot ab.

i Gehört zum British Commonwealth. Schließt sich südlich an die Grenadinen an und liegt nördlich von Trinidad und Tobago. Tourismusbüro: am Hafen von St. George's, Tel. 4 40 22 79.

Ein Besuch der südlichsten der Inseln unter dem Wind wird seit ein paar Jahren häufig bei Kreuzfahrten ab St. Vincent mit angeboten. Seit den kriegerischen Auseinandersetzungen 1983 zwischen Argentinien und England eher in Vergessenheit geraten, erwacht Grenada langsam aus seinem touristischen Dornröschen-Schlaf. Ein Ausflug zu der wunderschönen Insel, die mit einer abwechslungsreichen Landschaft aus **tropischen Regenwäldern, Vulkanen,** tiefen **Schluchten** und Bilderbuchstränden besticht, ist auf jeden Fall zu empfehlen. Anlaufstelle ist der **malerische Binnenhafen** der Hauptstadt St. George's, The Carenage, umgeben von alten Lagerhäusern und zahllosen Restaurants. Von hier kommt man zum **farbenprächtigen Markt** zwischen der Hillsborough und der Granby Street. Der Duft von Vanille, Muskat und Kakao prägt die Atmosphäre. Besuchenswert sind das National Museum

Gun Hill: ein Ausguck nach Piraten

(Mo - Sa von 9 - 17 Uhr) und das 1705 von den Franzosen erbaute **Fort George**, das einen herrlichen Blick über die Stadt gewährt.

Von St. George's aus geht es Richtung Norden durch das **Spice County**, den Distrikt der Gewürze, in dem sich die schönsten Fischerdörfer der Insel befinden. Unterwegs kommt man durch **Gouyave**, mit zauberhaften, in allen Rottönen gedeckten Häusern. Hier kann man eine der **Gewürzfabriken** besuchen und bei der Verarbeitung zusehen (Mo - Fr von 9 - 17 Uhr).

Unweit des Ortes liegt die Dougaldston Plantage, die noch in traditionellem Stil geführt wird, inmitten von Muskat- und Kakaofeldern. Über die kleine Hafenstadt Victoria erreicht man schließlich **Sauteurs**, das seinen Namen (frz. „Springer") von einem Felsen hat, von dem sich 1650 die letzten Arawak-Indianer

vor der Versklavung in den Tod stürzten.

Im Inselinneren liegt ein Naturschutzpark um den 840 m hohen **Mount St. Catherine**, ausgestattet mit Wanderwegen, die an Wasserfällen und Felsen vorbei über Hängebrücken und durch kleine Schluchten und herrliche Vegetation führen — fortwährend vom lebhaften Geschnatter kleiner Äffchen begleitet. Ein Stück südlich des Parkes liegt ein weiteres Inselwunder, ein 10 ha großer, blauer See im Krater eines erloschenen Vulkans: der Grand Etang.

Die herrlichsten Strände finden sich bei **Cap Grand Anse** — Grenadas Badeparadies. Sie sind weitläufig und menschenleer.

⌕ Zu den Hafen-Restaurants in St. George's gehört **The Nutmeg**, das ein einfaches Mittagessen in sehr ungezwungener Atmosphäre bietet. — Romantischer und

23

kreolischer wird es im **Le Camboulay** in Grand Anse, bekannt vor allem für seine Fischgerichte.

ℹ️ Französisches DOM (Departement Outre Mer), zwischen Dominica im Norden und St. Lucia im Süden. Internationaler Flughafen. Touristen-Pavillon: Boulevard Alfassa, Fort-de-France.

Martinique, „eine Liebesgeschichte zwischen Himmel und Meer", so beschrieb ein unbekannter Dichter diese **Vulkaninsel** aus dem Bilderbuch. Die Strände sind genauso kontrastreich wie die Insel und ihre Bewohner selbst, schwarz oder weiß – bisweilen auch gemischt. Insel der Blumen, **Madidina**, hieß Martinique, bevor sie umgetauft wurde. Die Landschaft geht von Vulkanen im Norden und in der Mitte der Insel in das sanfte Hügelland des Südens über. Berühmt-berüchtigt ist der **Mont Pelé**, 1.400 m hoch, der 1902 mit unglaublicher Gewalt ausbrach und die blühende Hauptstadt St. Pierre, das **„Paris der Antillen"**, unter den Felsbrocken der abgebrochenen Bergspitze und glühender Lava begrub.

30.000 Tote forderte der Vulkanausbruch und den Untergang vieler Plantagen. Der Wiederaufbau, die erneute Bewirtschaftung der lavabedeckten und verbrannten Erde, zog sich fast ein halbes Jahrhundert hin, und noch immer lassen sich Spuren der Katastrophe erkennen. Heute wird das Gebiet um die Ruinen St. Pierres zu einem Erholungsgebiet ausgebaut. Das **Musée Vulcanologique** zeigt eindrucksvolle Zeugnisse der Katastrophe, die St. Pierre innerhalb von zwei Minuten dem Erdboden gleichmachte (Rue Victor Hugo, tgl. 9 - 17 Uhr).

Die Gewalt der Naturkräfte, die im Norden der Insel auf den schwarzen Strand einwirken, ist festgehalten auf vielen Werken des berühmten Malers **Paul Gauguin**, der sich 1887 in **Carbet** niederließ.

Pulsierendes Herz der 1.000 km² großen Insel ist Fort-de-France, das die Charakterzüge Afrikas, Südamerikas, Asiens und Frankreichs in sich vereint. Die Bevölkerung, die **Foyalais**, sind stolz, so weltoffen zu sein.

Historisches Zentrum ist das „Vieux Carré", das sich um die Kathedrale **St. Louis** (1671) zwischen Hafen und Präfektur, zwischen dem **Park La Savane** und dem Fluß Madame erstreckt. Zauberhafte, verwinkelte Gassen und far-

Kokosnußverkäufer

Fischerboote am Strand von Gouyave

benprächtige Märkte wechseln sich ab. Die Luft ist erfüllt von den intensiven Gerüchen der Karibik. Einer der berühmtesten Märkte ist der Marché aux Poissons, der **Fischmarkt**, am Ufer des Flusses Madame. Schon morgens um 5 Uhr herrscht hier reges Treiben. Thunfisch, Barrakudas, Muscheln, Langusten, Hummer und vieles mehr dienen der täglichen Versorgung der Insel. Ein paar Schritte weiter befindet sich der Fleisch- und Gemüsemarkt, wo sich die herrlichsten Gemüse- und Obstsorten in Pyramiden stapeln, dazu Gewürzkisten und ein Meer von Blumen, zu bunten Sträußen zusammengebunden. Die Märkte von Fort-de-France sind berühmt und bieten eine ideale Gelegenheit, mit Einheimischen zusammenzutreffen, die von weit her kommen, um ihre Waren zu verkaufen.

Ein anderer beliebter **Treffpunkt** ist der Park La Savane: 5 ha erfrischendes Grün, an drei Seiten von Terrassen-Cafés und Restaurants umgeben. In der Mitte befindet sich die Statue der auf Martinique geborenen **Kaiserin Joséphine**, der Frau Napoléons. Außen herum bieten unzählige Souvenir-Stände, fliegende Händler, Verkäuferinnen von Liebeshölzern und vielem mehr ihre Waren an.

Am Park befindet sich das **Musée Départemental**, das einen guten Überblick über die

COLIBRI GEHEIMTIP

Wanderungen auf den **Mont Pélé** sind ein wahres Erlebnis; allerdings braucht man für den 4 - 5 stündigen Aufstieg eine gute Kondition und festes Schuhwerk. (A1)

Landschaft im Norden Martiniques

Inseln unter dem Wind

Inselgeschichte gibt (Mo - Fr von 9 - 13 und 14 - 17, Sa nur bis 12 Uhr).

Einen Besuch lohnt auch das **Fort Saint-Louis**, das den Hafen der Stadt schützt (nur So 9 - 11 Uhr). Das Aquarium, Bvd. de la Marne (tgl. 9 - 17 Uhr) und der Botanische Garten,

Parc Floral, Place Clemenceau (tgl. 9 - 17.30, kein Eintritt zwischen 12 und 14 Uhr) versprechen kurzweilige Stunden. Ganz besonders interessant ist die **Bibliothek** von Victor Schoelcher, der einer der größten Gegner der Sklaverei war (Rue de la Liberté, Mo - Fr von 8.30 - 12 und 14.30 - 18 Uhr, Sa nur vormittags geöffnet.)

Südwestlich der Hauptstadt, auf der anderen Seite der Bucht, kommt man nach **Trois Ilets**, berühmt als Geburtsort der Kaiserin Joséphine und für seinen Golfplatz, der wie so manch anderer auf den Antillen von Robert Trend Jones entworfen wurde. Hier schlägt jedes Golferherz höher. Dem Andenken an Joséphine, eigentlich Marie-Josèphe Tose Tascher de La Pagerie, ist ein Museum auf der Domaine

de la Petite-Guinée gewidmet, die ihren Eltern gehörte (tgl. 9 - 17.30, Sa/So nachmittag geschlossen).

Im Süden der Insel führt die Strecke an traumhaft schönen, versteckten **Buchten** vorbei durch kleine, romantische **Fischerdörfer** und Feriensiedlun-

Der Hafen von Fort-de-France

gen an die schönsten Strände Martiniques: **Les Anses d'Arlet**, **Le Diamant** und **St. Anne**. Unvergeßlich ist hier der Sonnenuntergang über den Felsen des Strandes, die sich purpurrot färben.

St. Lucia   4

ℹ️ Zwischen Martinique im Norden und St. Vincent im Süden gelegen, gehört die Insel zum Britischen Commenwealth. Tourismusbüros: an den Flughäfen sowie in der Jeremy Street in Castries und Pointe Seraphine.

Urlaubsparadies St. Lucia

Als „simply beautiful" präsentiert sich Saint Lucia dem Besucher. Sie ist wirklich eine der schönsten Inseln der Karibik, oft auch als „schöne Helena des Westens" bezeichnet. Man wird überwältigt von den unberührt wirkenden **tropischen Wäldern**, von den Plantagen, auf denen Bananen, Kokosnüsse, Mangos und Papayas im Überfluß gedeihen, von einsamen Stränden und verschwiegenen kleinen Buchten, von bizarren Berggipfeln und malerischen Fischerdörfern, die die Zeit vergessen zu haben scheinen. Zwischen wilden Orchideen fliegen **Paradiesvögel** und **Papageien**, darunter Arten, die vom Aussterben bedroht und hier geschützt sind.

Wunderschön ist auch die Hauptstadt Castries, herrlich inmitten eines sanften Hügellandes gelegen. Im Schatten tropischer Bäume liegt der Kolumbusplatz, das Zentrum des Ortes. Unweit steht die im 19. Jh. errichtete Kathedrale. Hier werden häufig mitreißende Gospel-Konzerte gegeben (nähere Auskünfte im Pfarramt). Freitags wird es hier besonders bunt und lebendig. Die Altstadt verwandelt sich in einen Markt.

Hinter Castries liegt Morne Fortune, das noch viele Spuren der französisch-englischen Kämpfe um St. Lucia zeigt. Weitere Zeugnisse dieser Kämpfe findet man auch auf dem nördlich gelegenen **Pigeon Island**, das heute mit einem künstlichen Damm mit St. Lucia verbunden ist und trotz militärischer Ruinen zum Nationalpark erklärt wurde. Von hier aus die Segel setzend, vernichtete der englische **Admiral Rodney** 1782 die französische Flotte. Ein Stück südlich von Castries liegt der hübsche Fischerort Anse La Raye. Im Hafen sind noch gelegentlich die für die Insel typischen Boote zu sehen, die aus den Stämmen von **Gummibäumen** gearbeitet sind.

Weiter südlich erreicht man Soufrière, ein typisches Dorf der Antillen mit stark französischem Einschlag – pastellfarben gestrichene Häuschen am Dschungelrand, Gummibaumboote am Strand und dahinter die landschaftliche Höhepunkt der Insel: die Zwillingsgipfel der **Pitons**, die Gipfel zweier erloschener Vulkane, ca. 730 und 800 m hoch. Zu Füßen des kleineren liegt die **Stonefield Plantage**, die

Inseln unter dem Wind

immer noch in Betrieb ist: Romantik pur unter Mango- und Brotbäumen, mit Traumblicken auf das karibische Meer und die konischen Gipfel der Pitons. Südwestlich davon stößt man auf einen weiteren Höhepunkt: die Sulphur Springs, die **Schwefelquellen** eines Vulkans. Ganz in der Nähe befinden sich die Diamanten-Wasserfälle, die ihren Namen von den in allen Farben glitzernden Felsen haben. Das Glitzern wird durch das mineralienhaltige Gestein verursacht. Die Heilwirkung des Wassers veranlaßte den französischen König Ludwig XVI. dazu, hier 1785 die **Diamond Mineral Baths** zu gründen.

Am Freitag abend sind die Gassen des Fischerörtchens **Gros Islet** (im Nordwesten der Insel) Schauplatz eines Straßenfestes. Von überall ertönen die karibischen Rhythmen, Rum-Cocktails fließen, und jeder tanzt – ein Schauspiel, das man nicht verpassen sollte.

St. Vincent und die Grenadinen 5

Zum britischen Commonwealth gehörend. Inselgruppe zwischen St. Lucia im Norden und Grenada im Süden gelegen. Tourismusbüro: Bay Street, Kingstown, St. Vincent.

Insgesamt 32 Inseln und Inselchen reihen sich südlich der Hauptinsel St. Vincent aneinander, ausgestattet mit „allen Farben des Paradieses". Romantik und Charme pur – allein schon ihre klingenden Namen veranlassen zum Träumen: Bequia, Mustique, Canouan, Union, Carriacou, Mayreau, Diamond, Tobago Cays ... und viele mehr. Ihre Dörfer haben spanische oder französische Namen, ihre Geschichte ist holländisch

und englisch, und ebenso unterschiedlich sind auch ihre **Landschaftsformen**.

Die Mutterinsel des Archipels ist St. Vincent, oft als „Tahiti der Karibik" bezeichnet und vom 1.220 m hohen Vulkan **La Soufrière** gekrönt. Atemberaubende Ausblicke, die an klaren Tagen über die gesamten Grenadinen hinweg bis Grenada reichen, herrlich erfrischende Wasserfälle wie die **Trinity Falls**, dichtgrüne Vegetation im **Mesopotamia Valley**, geschützte Buchten wie die Wallilabou Bay – all dies macht die rauhe Schönheit St. Vincents unvergeßlich.

Südlich und St. Vincent am nächsten erhebt sich **Bequia** (sprich: Beqwi) aus dem türkisblauen Wasser, umgeben von goldschimmernden Stränden. Viele

Blick auf Soufrière mit den Pitons

der Strände gehen in Höhlen über, die als Paradiese für Taucher und Schnorchler gelten. Bequia hat die alten Traditionen beibehalten – die Boote werden per Hand gebaut, die Wale (zwei Tiere pro Jahr sind erlaubt) noch per Handharpune erlegt.

Für den Fischfang sind Netze, Schlingen und Harpunen verboten. Malerisch ist die Hafenpromenade von **Port Elisabeth**, gesäumt von kleinen Läden, einladenden Cafés oder Bars und gemütlichen Restaurants. Hinsetzen, ausruhen und einfach nur genießen ist hier besonders schön.

Auf der berühmtesten Insel der Grenadinen, auf **Mustique**, kann, wer Glück hat, prominenten Persönlichkeiten im Urlaub begegnen, die ebenfalls auf der Flucht vor der Hektik des Alltags sind. Mustique, dessen sanfte, grüne Hügel in schneeweißen Sand übergehen, bietet Traumurlaub im Luxusstil.

Canouan schließt sich südlich an; seine Hauptstadt **Charlestown** liegt an einem „Puderzuckerstrand". Auch hier wird der Traum vom luxuriösen, einsamen Urlaub wahr. Fast unmöglich ist es zu entscheiden, welche der wundervollen Inseln die schönste ist, doch eines bieten sie alle – unvergeßliche Eindrücke in paradiesischen Farben und ein un-

beschwertes Leben in aller Ruhe fern vom Alltag. Die Grenadinen kann man leicht mittels Segelbooten erforschen. Diese kann man mit oder ohne Mannschaft chartern.

Trinidad und Tobago 6

ℹ️ Südlich von Grenada und nur wenige Kilometer von der Küste Venezuelas entfernt sind diese beiden Inseln angesiedelt. Tourismusbüro: 134 - 138 Frederick Street, Port of Spain, Trinidad.

Trinidad und die Schwesterinsel Tobago haben im Laufe der letzten Jahrhunderte die unterschiedlichsten Kulturen beheimatet; das Resultat ist eine fast einmalige **Kulturmischung** und eine unvergleichliche Lebendigkeit. Vor allem Trinidad scheint vor Temperament zu schäumen. **Port of Spain**, die Hauptstadt der Republik, schön am Fuße einer Bergkette gelegen, gilt als „New York der Karibik", als Inbegriff eines Schmelztiegels. Bazare neben Wolkenkratzern, Synagogen zwischen Kathedralen, Hindu-Tempel bei Moscheen, Flohmärkte neben Museen, asiatische „Küchen auf Rädern" neben Luxusrestaurants, elegante Geschäfte neben auf dem Boden ausgebreiteter Second-Hand-Ware – und über allem das Dröhnen und Gehupe tosenden Verkehrs. Überall findet man den unverwechselbaren

Charme der Karibik. Vom Straßenrummel erholen kann man sich im **Queen's Park Savannah**, einer Oase der Ruhe.

Ungefähr 15 km südlich von Port of Spain liegt das **Caroni Bird Sanctuary**, in dessen Sümpfen die herrlichsten Vögel zu beobachten sind, darunter eine scharlachrot gefärbte Ibis-Art.

Am schönen Strand von Macaras Bay gibt man sich dem süßen Nichtstun hin, bevor man sich nach Chaguanas, einem Indianerdorf, und nach San Fernando am Golf von Paria aufmacht. Hier gibt es ein weiteres Phänomen zu bewundern, den **Pitch Lake**, einen 36 ha großen Teer-See, der sich ständig wieder selbst auffüllt.

Einen ganz anderen Eindruck vermittelt die „kleine Schwester" Tobago: paradiesische Ruhe. Pastellfarben gestrichen sind die kleinen Häuser malerischer Orte, schneeweiß die endlosen Strände. Der schönste findet sich bei Pigeon Point, geschützt von dem herrlichen Korallenriff **Buccoo**.

🎭 Faszinierend ist der **Karneval** von Port of Spain, der oft mit dem von Rio verglichen wird: genauso bunt und laut, mit ähnlich phantasievollen Kostümen. Auch hier bereitet man sich das ganze Jahr darauf vor.

Inseln über dem Wind

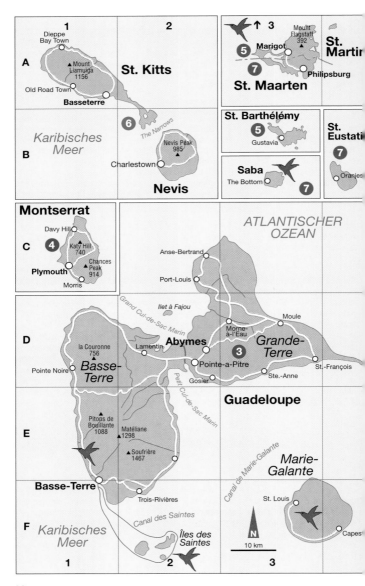

1
Dieppe Bay Town
▲ Mount Liamuiga 1156
Old Road Town
Basseterre

2
St. Kitts

↑ 3
Mount Flagstaff 392
Marigot
St. Martin
Philipsburg
St. Maarten

Karibisches Meer

6
The Narrows
Nevis Peak 985 ▲
Charlestown ○
Nevis

St. Barthélémy
Gustavia

St. Eustati
Oranjes

Saba
The Bottom ○

Montserrat
Davy Hill ○
4
▲ Katy Hill 740
▲ Chances Peak 914
Plymouth ○
Morris

ATLANTISCHER OZEAN

Anse-Bertrand

Port-Louis ○

Grand Cul-de-Sac Marin
Ilet à Fajou

Moule
Morne-à-l'Eau
Lamentin ○
Abymes
3
Grande-Terre
la Couronne 756
Basse-Terre
Pointe Noire ○
Pointe-à-Pitre ○
Gosier ○
Ste.-Anne
St.-François

Petit Cul-de-Sac Marin

Guadeloupe

Pitons de Bouillante 1088
Matéliane ▲1298
▲ Soufrière 1467

Marie-Galante

St. Louis ○
Canal de Marie-Galante

Basse-Terre
Trois-Rivières

Canal des Saintes

Îles des Saintes

N
10 km

Karibisches Meer

Capes

1 **2** **3**

Kunst und Kultur

❶ Antigua & Barbuda A-C 5/6
❻ St. Kitts & Nevis A/B 1/2

Sehenswürdigkeit

❸ Guadeloupe C-F 1/4
❹ Montserrat C 1

Erlebnis

❷ Dominica D/F 5/6
❺ St. Barthélemy & St. Martin A/B 3/4
❼ St. Maarten, Saba & St. Eustasius A/B 3/4

—— Vorschlag für einen Tagesausflug zu interessanten Sehenswürdigkeiten

Inseln über dem Wind

Wie Perlen einer Kette schließen sich halbkreisförmig bis fast nach Venezuela die Kleinen Antillen den Großen an. Das, was man mit den Perlen der Karibik verbindet: herrlich **weiße Strände** unter Kokospalmen vor türkisblauem Meer, das findet man hier fast überall, doch der zauberhafte Charme der Inseln besteht nicht nur aus diesen Klischees, sondern aus ihren Kontrasten. Wer diesen gegenüber offen ist, wird der Faszination der Inseln erliegen.

Der Kultur der Inseln über dem Wind hat weniger der amerikanische Kontinent seinen Stempel aufgedrückt; stattdessen findet man hier auf jeder einzelnen, winzigen Insel Einflüße aus **Afrika, Indien** und **Europa**.

St. John's Kathedrale

Antigua & Barbuda   1

ℹ️ Britischer Commonwealth, ca. 40 km nördlich von Guadeloupe und südlich von St. Barthélémy gelegen. Tourist Office: Lower St. Mary's Street, St. John's, Antigua.

Ein Strand für jeden Tag des Jahres, dies ist der Reichtum der nur 280 km² großen Insel Antigua. Wenn auch diese Behauptung leicht übertrieben ist, so besitzt Antigua doch zahlreiche herrliche, palmengesäumte Sandstrände: teils langgezogen, teils in der Tiefe charmanter Buchten versteckt, teils an Häfen, die einst Krater eines Vulkans waren. Doch nicht nur die Strände Antiguas locken; auch die vielen historischen Gebäude, hauptsächlich aus dem 18. und 19. Jh., sind von Interesse. Gut erhalten und liebevoll restauriert wirken diese wie lebendig gebliebene Geschichte. Die Hauptstadt St. John's, de-

Der Hafen von St. John's

ren **Hafen** Ende des 17. Jh.s angelegt wurde, weist sehenswerte Gebäude auf, auch wenn die meisten der ursprünglichen Holzbauten durch Wirbelstürme, Feuersbrünste und Erdbeben zerstört wurden. Als bestes Beispiel gelten die Bauten der unteren **Redcliffe Street**, deren ursprünglicher Stil bis heute erhalten geblieben ist. Der älteste Bau in St. John's, das Old Court House (Long Ecke Market Street), wurde 1747 errichtet. Heute ist das Museum of Antigua and Barbuda hier untergebracht, das faszinierende Exponate aus der Inselgeschichte zeigt. Ein weiteres interessantes Museum ist das **Museum of Marine and Living Art** mit Sammlungen verschiedener Muscheln und Sandsorten, mit Relikten alter Wracks und vielem mehr. Dominiert

wird die Stadt von der **Kathedrale** St. John's, ursprünglich 1681 als Holzbau errichtet. Nach der kompletten Zerstörung durch ein Erdbeben wurde 1843 das heutige Gebäude errichtet. Zu beachten ist hier das von Holz umgebene Innere der Kathedrale, das auf diese Weise vor Schäden durch Erdbeben und Wirbelstürme bewahrt werden soll – eine Methode, die sich beim Erdeben von 1974 und dem Hurrikan von 1989 bewährt hat. Der Hafen in St. John's wird von zwei Forts geschützt: Nördlich der Bucht liegt Fort James, ursprünglich 1675 errichtet und 1749 erneuert; südlich, nahe der Deep Bay, stehen die Ruinen von Fort Barrington, 1779 zu Ehren des gleichnamigen Admirals errichtet, der ein Jahr zuvor St. Lucia den Franzosen entriß.

Nördlich der Hauptstadt liegt Dickinson Bay, ausgestattet mit allen nur vorstellbaren Einrichtungen, die das Touristenherz erfreuen: Wassersportanlagen, fetzigen Strandbars, romantischen Restaurants, eleganten Boutiquen, einem Golfplatz, Reitanlagen und vielem mehr. Im östlichen Teil der Insel befindet sich eine weitere historische Attraktion: die original erhaltenen und noch immer funktionsfähigen **Windmühlen** der Zuckerrohrplantage „Betty's Hope" (südöstlich von St. John's). Die Plantage wurde 1674 von dem aus Barbados gekommenen **Christopher Codrington** für seine Tochter angelegt und erst 1995 zur Besichtigung freigegeben.

Unweit von „Betty's Hope" in nordöstlicher Richtung,

Nelson's Dockyard

am Ende der Straße von Long Bay nach Indian Town Point, erreicht man die **Devil's Bridge**, einen im Laufe von Millionen Jahren durch Brandung, Strömung und Wellen geformten Steinbogen. Die auf ihn einwirkenden Kräfte der Natur bieten noch heute ein unvergeßliches Schauspiel. Südöstlich erreicht man kurz vor der Half Moon Bay, die wohl den schönsten Strand der Insel besitzt, die **Harmony Hall**: kleine Kunstgalerien und Handwerksstände sind hier in einer alten Plantage zu bewundern. Im Herbst findet hier alljährlich die **Handwerksmesse** statt.

Über Bethesda erreicht man schließlich die Festungsanlage Shirley Heights im Süden, Falmouth Harbour und das „Village" von Nelson's Dockyard mit den Marinegebäuden aus der Zeit des großen Admirals. Hier und im **Dow's Hill Historical Centre**, einem Teil von Nelson's Dockyard National Park, glaubt man durch vergangene Jahrhunderte zu streifen. Belohnt wird der Streifzug mit einer herrlichen Aussicht über die Insel. Über den **Fig Tree Drive** geht es durch schöne tropische Wälder zurück nach St. John's.

Die Schwesterinsel Barbuda, seit 1860 mit Antigua politisch vereint, lädt mit ihren Traumstränden zum Baden ein. In den buschbewachsenen Ebenen im Inselinneren leben Esel und Ziegen, gelegentlich sind sogar **Wildschweine** und kleine **Bären** zu sehen. Ein Naturparadies, wie es im Buche steht!

Keineswegs verpassen sollte man das **Frigatebird Sanctuary**. Hier kann man die riesigen schwarzen Fregattenvögel, deren Männchen einen fußballgroßen „aufblasbaren" Kehlkopf besitzen, in Ruhe beobachten. Südlich des Vogelparks liegt die einzige Stadt der Insel, **Codrington**, deren verschlafene Straßen ein Paradies für Radfahrer sind.

Ein „britisches" Grillfest zu den Klängen von Reggae und Steelbands – im echten karibischen Flair – wird jeden Sonntag nachmittag auf **Shirley Heights** geboten.

Britischer Commonwealth, zwischen Guadeloupe im Norden und Martinique im Süden gelegen. Internationaler Flughafen. Tourist Board: Valley Road, Roseau, Tel: 4 48 23 51 / 21 86.

Dominica gilt als die Naturinsel der Karibik schlechthin. Man besucht sie weniger wegen ihrer dunkelsandigen Strände, sondern viel mehr wegen ihrer Wälder und Seen, ihrer **Wasserfälle, Flüsse** und **Bäche**. Fast 400 sind es, die auf der Insel entspringen, zur Freude der Besucher, aber auch der Inselkinder. Dominica fasziniert mit majestätischen Bergen. 1.447 m hoch ist der Morne (Mount) Diablotin, die höchste Erhebung der Insel, umgeben von tie-

Undurchdringliche Landschaft auf Dominica

fen Tälern wie dem **Valley of Desolation** und den fast undurchdringlich wirkenden Regenwäldern der **Northern Forest Reserve**. Das vielfältige Relief der Insel, überzogen von dichtem Dschungel, der sich mit Seen und Mineral- und Schwefelquellen abwechselt, verleiht Dominica eine einzigartige, wilde Schönheit. Neben dem Morne Diablotin, Heimat der vom Aussterben bedrohten farbenprächtigen Jaco- und Sisserou-Papageien, ist der **Boiling Lake**, der kochende See, eine Sehenswürdigkeit, die man nicht versäumen sollte. Der See hat sich im immer noch aktiven Krater des Morne Watt gebildet. Er ist weltweit der zweitgrößte Lavasee, dessen heiße Gase unaufhörlich in großen, silbrigen Blasen an die Wasseroberfläche gelangen. Wanderungen dorthin sind nur Geübten empfohlen. Wer nicht über die nötige Kondition verfügt, sollte sich mit dem ebenfalls sehr schönen **Boeri-See** zufriedengeben, der 915 m über dem Meeresspiegel ebenfalls in einem Krater gelegen ist. Der Boeri-See gehört, wie auch der Freshwater Lake, zum Morne Trois Pitons National Park.

Auch der **Cabrits National Park** nördlich von Portsmouth, der zweitgrößten Stadt Dominicas mit einem zauberhaften Hafen und schönen Stränden wie Prince Rupert's Bay und Douglas Bay, ist eine Kurio-

Die Kathedrale von Roseau

sität: 4.261 m^2, also fast die gesamte Fläche des 1/2 ha großen Parks, liegen unter Wasser. Hier kann man neben der größten Sumpflandschaft Dominicas und den herrlichen Korallenriffen auch die Ruinen Fort Shirleys (18. Jh.) mit einem kleinen Museum bewundern.

Die Undurchdringlichkeit der Insel war der Grund, weshalb sie erst im 18. Jh. kolonisiert wurde. Kleine Orte entstanden entlang der Küste, während sich die Indianer ins Innere der Insel zurückzogen. Dominica ist die einzige Insel der Karibik, auf der einige hun-

dert Indianer die Übergriffe der Europäer überlebt haben. Heute sind es noch etwa 3.000 Personen, die das Carib Territory im Nordosten der Insel hinter der Escalier-Tête-de-Chien (snake's staircase) bewohnen, einem erkalteten **Lavafluß**, der sich ins Meer windet.

Salibia, der Hauptort des Gebietes, gehört mit zu den interessantesten Niederlassungen der Insel. Beachtenswert ist ganz besonders die Kirche, deren Altar, entstanden aus einem **Kanu**, ein wahres Kunstwerk darstellt.

Inseln über dem Wind

Wer sich für die Geschichte und Kultur der **Arawak-** und **Cariben-Indianer** interessiert, sollte dem kleinen Dominica Museum einen Besuch abstatten (Bay Street, Mo - Fr 9 - 16, Sa bis 12 Uhr), das auf anschauliche und lebendige Weise Auskunft über das Leben der Ureinwohner gibt.

Wer sich länger auf Dominica aufhält, sollte eine **Ruderbootfahrt** den **Indian River** hinauf machen: ein Unternehmen, das oft mit einem Bootsausflug auf den Nebenflüssen des Amazonas verglichen wird. Erfrischend ist ein Bad in dem von einem Wasserfall gespeisten **Emerald Pool**, der von einer atemberaubenden Flora umgeben ist. In Roseau, der Hauptstadt, ist vom überschäumenden Leben anderer karibischer Städte nichts mehr zu spüren. Ruhig und friedlich geht es hier zu.

Sehenswert ist auch der botanische Garten, der sich auf hügeliger Landschaft über 17 ha erstreckt, nur 20 m über dem Meeresspiegel; hier leuchtet ein Farbenmeer aus tropischen Pflanzen. Nicht weit von Roseau, im Südteil der Insel, befinden sich die **Trafalgar Falls**, die sich in ein von riesigen schwarzen Steinen umgebenes Becken ergießen. An den Wasserfällen gedeihen herrliche Orchideen und Farne. Ebenfalls nicht weit entfernt, oberhalb des Dorfes Soufrière, entspringen **Schwefelquellen**, die, hat man sich erst einmal an den etwas penetranten Geruch gewöhnt, zur Entspannung einladen.

Südlich von **Roseau** (Queen Mary Street Ecke Turkey Lane) kann man im Tropicrafts Island Mats echtes indianisches Kunsthandwerk erstehen.

Wanderungen mit geübten Führern zu den herrlichsten Plätzen ins **Inselinnere** werden von **Ken's Hinterland Adventure Tour** organisiert (62 Hillsborough Street, Roseau, Tel. 4 48 48 50); für kürzere Ausflüge bieten sich die Dorfkinder an, die gegen ein kleines Entgelt zu den schönsten Stellen der Umgebung führen.

★ Guadeloupe 3

Französisches Departement Outre Mèr (DOM), zwischen Dominica im Süden und Montserrat im Norden gelegen. Internationaler Flughafen. Office de Tourisme: 5, Square de la Banque, Pointe-à-Pitre, Tel. 0 05 90/82 09 30 oder 46 89.

Nicht nur wie ein Schmetterling geformt, sondern auch ebenso schillernd

Hindu-Tempel in Guadeloupe

stellt sich Guadeloupe dem Auge des Besuchers dar. Der westliche „Flügel", **Basse-Terre**, hat mit seinem Namen „Niedriges Land" nichts gemeinsam. Er ist von einem majestätischen Vulkan gekrönt, der die bei weitem höchste Erhebung der Umgebung ist.

La Soufrière liegt auf 1.467 m Höhe inmitten eines tropischen Nationalparks, der ein Paradies für Naturfreunde ist. An der Westküste liegt einer der schönsten Strände der Insel, **Plage de la Grande Anse**, der durch die Alizé-Winde gekühlt wird. Die Landschaft in südlicher Richtung ist geprägt vom Wechsel zwischen Zuckerrohrfeldern, Bananen-Plantagen und historischen Baudenkmälern. Hier befindet sich auch die politische Hauptstadt, die gleichfalls Basse-Terre heißt. Verschlafen liegt das Städtchen am Fuß des Vulkans. Zwischen dem Vulkan und dem Ort erstreckt sich der herrliche **Naturpark St. Claude**, durch den schöne Wanderwege mit verschiedenen Schwierigkeitsgraden führen. Es geht an erfrischenden Wasserfällen wie der Cascade aux Ecrevisses oder dem Rivière Corossol vorbei durch eine paradiesische Vegetation.

Die Ostküste ist durch die „Schmetterlingsflügel" zu beiden Seiten geschützt. Sie gilt als Paradies für Wassersportler. Über den

Marktfrau in Point-à-Pitre

Ort Trois-Rivières geht es vorbei an Capesterre, wo Kolumbus gelandet sein soll, zu einem **Hindu-Tempel**, in dem noch gelegentlich rituelle Opferzeremonien stattfinden. Basse-Terre und Grande-Terre, der östliche Ausläufer der Insel, werden durch den Rivière Salée, den „gesalzenen Fluß", getrennt und sind nur durch zwei Brücken miteinander verbunden. Grande-Terre vermittelt einen ganz anderen Eindruck als Basse-Terre: Vergleichsweise flach und von **Zuckerrohrfeldern** überzogen, besitzt Grande-Terre die schönsten Inselstrände. Am Rivière Salée liegt Point-à-Pitre, das wirtschaftliche und kulturelle Zentrum der Insel.

In der Mitte der schön angelegten Stadt befindet sich der **Place de la Vic-**

toire, umgeben von schattigen Bäumen. Zentrum des Trubels sind jedoch der bunte und lebendige Markt und die nur ein paar Schritte davon entfernten Docks, deren Treiben man nach einem Bummel durch enge, alte Gassen erreicht.

Nordwestlich der Stadt präsentiert sich die Insel wieder anders: Dichte Mangrovenwälder ziehen sich die Küste entlang. Man kann sie mit Bateaux Mouches (Touristenschiffen) oder Fischerbooten auf Kanälen befahren.

Ungefähr einen Kilometer südlich von Point-à-Pitre kommt man zum **Aquarium** (tgl. 9 - 19

Uhr geöffnet), das die gesamte Meeresfauna der Karibik zeigt, Haie inbegriffen.

Wer nicht nur Natur, sondern auch Nightlife erleben möchte, fährt am besten nach Gosier und Marina Bas du Fort. Hier gibt es das größte Angebot an Discos und Bars.

Monserrat 4

Britische Kronkolonie, zwischen Nevis (nordwestlich), Antigua (nordöstlich) und Guadeloupe im Südosten gelegen. Tourist Office: Am Blackburne Airport bei Spanish Point.

Monserrat besitzt einen wunderschönen Beinamen: die **Smaragdinsel**. Immergrün, mit üppiger Vegetation und völlig naturbelassen ist die Insel tatsächlich ein Schmuckstück, allerdings wurde sie vom Hurrikane „Hugo" 1989 und vor allem vom Vulkanausbruch 1997

sichtlich beschädigt. Durch diese Eruption wurde vor allem die Hauptstadt **Plymouth** unter Schlamm und Asche begraben. Es wird noch einige Jahre dauern, bis die Insel ihr altes Gesicht wiederfindet. Dominiert vom noch immer aktiven Vulkan La Soufrière (915 m), geprägt von steil abfallenden Felsen, konnte sich Monserrat abseits vom Massentourismus halten und wurde dadurch zum Geheimtip von Kennern. Seine ersten europäischen Bewohner kamen von einer anderen grünen Insel: aus Irland. Die **irischen Einflüsse** sind bis heute überall spürbar. Hier kann man in den typischen irischen Pubs sitzen, die Kirchen sind St. Patrick geweiht, und die Fluglinie ist mit dem irischen Kleeblatt gekennzeichnet.

Die malerische Hauptstadt **Plymouth** im Südwesten der Insel soll entsprechend ihrem früheren Gesicht wiederaufgebaut werden. Hier finden sich wieder die typischen, pastellfarben gestrichenen Häuser im klassischen Stil der Antillen. Das Erdgeschoß ist aus Stein, das Obergeschoß aus Holz errichtet. Die georgianischen Häuser stammen aus dem 18./19. Jh. Das steinerne Baumaterial wurde damals eigens aus England importiert. Das Monserrat Museum befindet sich nördlich von Plymouth und ist in einer ehemaligen Zuckermühle untergebracht. Exponate des ver-

In der Hauptstadt Plymouth

heerenden Unglücks, bei dem die Stadt unter heißer Asche begraben wurde, sollen ergänzt werden.

Die Gebiete südlich und westlich des Vulkans sind entweder **unbegehbar** oder nur mit **Führern** zu besichtigen; der Norden dagegen ist unbeschränkt zu besuchen.

St. Barthélémy und St. Martin　　5

Das Grenzmonument auf St. Martin

ℹ Zu Guadeloupe gehörig, zwischen Anguilla im Norden, Saba und St. Kitts im Südwesten und Barbuda im Südosten gelegen. Offices de Tourisme: Im Rathaus von Gustavia, St. Barthélémy und Rue de la Republique, Marigot, St. Martin.

St. Barth, wie die Insel kurz genannt wird, trägt den Stempel eines Jahrhunderts **schwedischer Vorherrschaft**. Die Bevölkerung dagegen ist von den **bretonisch-normannischen Kolonisten** geprägt, die sich hier im 17.Jh. niederließen. Dieser in der Karibik nahezu einzigartigen Mischung hat die Insel einen großen Teil ihres Charmes zu verdanken. Der Insel, die für riesige Plantagen nicht geeignet ist, blieb der Geschichtsabschnitt der Sklavenhaltung erspart. Die Hauptstadt **Gustavia**, die ihren Namen vom schwedischen König hat, profitiert von ihrem Status als Freihafen, der eine starke Anziehungskraft

auf alle Schiffe der Umgebung hat. So wurde St. Barth **Einkaufsparadies** – ohne Steuern und Zoll. Stars und Sternchen aus dem Show-Geschäft, die ihre Villen oder Studios hier haben, außerdem herrliche weiße Strände und dazu karibische Romantik in türkisfarbenen Buchten machen die Insel zusätzlich zum Anziehungspunkt für jeden, der sehen und gesehen werden will.

Das Gebiet St. Martin nimmt die eine Hälfte der gleichnamigen Insel ein, die von Kolumbus am Namenstag des Heiligen entdeckt wurde. Als wäre St. Martin, der seinen Umhang mit einem Bettler teilte, Vorbote der Inselgeschichte, teilen sich die Franzosen seit 1648 die Insel mit den **Holländern**. Diese Grenzziehung hat eine interessante Geschichte. Um einen unnötigen Krieg zwischen den beiden Mächten zu vermeiden, wurden zwei Läufer Rücken an Rücken gestellt, mit der

Auflage, die Insel in verschiedenen Richtungen zu umrunden. Dort, wo sie wieder aufeinandertrafen, wurde die Grenze gezogen. Offensichtlich war der Franzose – sofern er nicht geschummelt hat – schneller als der Holländer, denn der französische Teil ist mehr als doppelt so groß. Bis heute hat sich an dieser Grenze und am einvernehmlichen Zusammenleben beider Nationen nichts geändert. Traumhaft schöne, saubere Strände, gepflegte Hotelanlagen und Buchten, die fast überall zu **Jachthäfen** erweitert wurden, zeugen von einer touristisch ausgezeichnet entwickelten Infrastruktur. Außerdem herrscht hier ein trockenes, angenehmes Klima. Der Hauptort **Marigot** erinnert an eine kleine französische Hafenstadt. Im Zentrum liegt der Jachthafen, an dem Schiffe aller Nationen vor Anker liegen, umrahmt von hübschen Holzbauten im Kolonialstil, die kleine Cafés beherbergen. Der farbenprächtige

Inseln über dem Wind

Markt, der täglich außer sonntags am Vormittag abgehalten wird, und der herrliche Blick vom **Fort St. Louis** über Insel und Stadt runden das Bild ab.

St. Kitts & Nevis 6

ℹ️ Britischer Commonwealth, südlich von St. Barthélémy, westlich von Antigua und Barbuda und nordwestlich von Monserrat gelegen. Internationale Flughäfen. Tourist Information: Bay Road, Basseterre, St. Kitts und Main Street, Charlestown, Nevis.

„Zwei Inseln – ein Paradies" lautet der Werbeslogan für St. Kitts (offizieller Name: St. Christopher) und Nevis. Tiefgrüne Regenwälder, herrliche Plantagen, weiße Traumstrände und all das umgeben vom klaren, türkisblauen Meer – der Gedanke an ein Paradies liegt nahe.

Hauptstadt auf St. Kitts ist Basseterre. Die Stadt ist reich an französischem und englischem Erbgut, wie sich an den vielen georgianischen Bauten aus dem 18. und 19. Jh. zeigt. Diese reihen sich um den Independence Square, den **ehemaligen Sklavenmarkt**. Ebenfalls sehenswert: The Circus, der Markt (samstags vormittags, Bay Street), auf dem man herrlich stöbern kann. Auch die St. George's Kirche, deren Grundmauer aus dem Jahr 1670 stammt, und das Handwerkshaus sind einen Besuch wert.

📷 Einen sehr interessanten Überblick über Geschichte und Kultur der Insel erhält man in der **St. Christopher Heritage Society** (Bank Street, Mo - Fr 8.30 - 16 Uhr, Sa 9 - 12 Uhr geöffnet).

Westlich von Basseterre erreicht man Bloody Point. Der Ort kurz über der Hauptstraße am **Dry River** (trockener Fluß) markiert die Stelle, an der 1629 die Indianer überrascht und niedergemetzelt wurden. Ihr Blut soll den Fluß noch lange rot gefärbt haben. Unweit dieses Ortes liegt Challengers Village, das erste freie Dorf von St. Kitts, in dem sich ehemalige Sklaven kleine Parzellen Land kaufen konnten. Weiter der Küste entlang in nördliche Richtung folgend, erreicht man **Old Road Town**. Hier kann man einige der von den Karaiben im 5. Jh. v. Chr. in Stein gemeißelten Petroglyphen besichtigen.

Weiter nördlich erreicht man **Sandy Point**, das ehemalige Wirtschaftszentrum der Insel. Es wurde zum Schutz von zahlreichen Forts umgeben, da es sich nahe der Grenze zum ehemaligen französischen

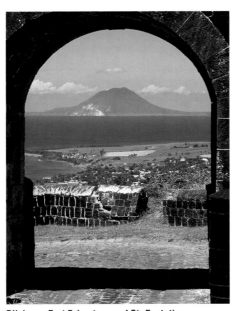
Blick von Fort Brimstone auf St. Eustatius

Hier wurden Sklaven verkauft

Über Tabernacle und Nicolas erreicht man dann **Cayon**, die zweitgrößte Stadt der Insel mit regem kulturellen Leben. Im Südosten der Insel liegen schließlich **Frigate Bay** und **Friar's Bay**, ihre schönsten Strände.

Jenseits des Kanals **The Narrows** liegt die Zwillingsinsel Nevis, in deren Mitte sich der ständig von weißen Wolken umgebene Nevis Peak (985 m) erhebt, zu spanischen Zeiten noch „Nuestra Senora de las Nieves" („Heilige Dame des Schnees") genannt, von dem sich der Inselname ableitet. Charlestown, die Hauptstadt, besticht durch eine ruhige Atmosphäre, die sich nur an Markttagen (Di, Do, Sa) und nach Ankunft der Fähren von St. Kitts belebt. Hübsch ist der zentrale, dreieckige **Memorial Square**, umgeben von zahlreichen Häusern in der typischen Bauweise aus Stein und Holz; hier finden sich viele Boutiquen und Banken.

Im Norden der Stadt liegt das **Alexander Hamilton Museum**, das zur Erinnerung an den hier geborenen Helden des amerikanischen Unabhängigkeitskrieges eingerichtet wurde.

Nördlich von Charlestown kommt man zum **Pinney's Beach**, dem wohl schönsten Strand der Insel: 5 km lang, silbrig schimmernd,

Inselteil befand. Eines dieser Forts ist das berühmte, 1690 errichtete **Brimstone Hill Fortress**, das „Gibraltar Westindiens", das Schauplatz vieler Schlachten zwischen Franzosen und Engländern war. In einem kleinen Museum wird die Geschichte des Forts dargestellt, doch das Fort ist auch allein wegen der atemberaubenden **Aussicht auf die Vulkane** im Osten und auf das azurblaue Meer im Westen einen Besuch wert (tgl. 9.30 - 17.30 Uhr geöffnet). Nur zehn Autominuten entfernt liegen die traumhaft schönen Gärten von **Romney Manor**. Inmitten dieses

tropischen Paradieses liegt **Caribelle Batik**, die angeblich schönste Fabrik der Welt. (Gärten und Caribelle sind Mo - Fr 8.30 - 16 Uhr geöffnet). Über **Dieppe Bay**, die erste französische Niederlassung der Insel, deren natürlicher Hafen von einem großen Riff geschützt ist, erreicht man die Ostseite der Insel und die **Black Rocks**. Das sind schwarze Felsformationen, die sich unter der Wucht hereinbrechender Wellen gebildet haben. Sie stehen als Zeugen einer turbulenten geologischen Vergangenheit im Schatten des mächtigen Vulkans **Liamuiga** (1.156 m).

Yankee in der Karibik

von zahllosen Kokospalmen gesäumt und mit einem herrlichen Blick auf das gegenüberliegende St. Kitts. Südlich von Charlestown befinden sich die Ruinen von **Fort Charles** und das **Bath Hotel**. Das Hotel wurde 1778 gebaut und ist wohl das älteste Hotel der Region.

Keinesfalls versäumen sollte man den Besuch der ehemaligen großen **Plantagen** des 18.Jh.s, die heute entweder zu Hotels oder zu Restaurants ausgebaut sind und noch einen Hauch vom Luxus des alten Plantagenlebens vermitteln (Informationen beim Tourist Office, Tel. 4 69 55 21).

Wer auf den Inseln ein Auto mieten will, muß einen hier gültigen Führerschein kaufen. Dieser ist am Flughafen oder bei den Autovermietungen erhältlich. (20 US $ für eine Dauer bis zu 3 Monaten).

Über 400 versunkene, korallenüberzogene **Schiffswracks** befinden sich im Gebiet um die beiden Inseln herum. Einige von ihnen wurden erst kürzlich entdeckt – ein Paradies für Taucher und Abenteurer. Allerdings ist das Tauchen ohne Lizenz bzw. ohne Begleitung von Tauchlehrern gesetzlich verboten. Auskünfte sind bei den Tourist Offices erhältlich.

St. Maarten, Saba und St. Eustatius 7

Nördliche Inselgruppe der Niederländischen Antillen, südöstlich der Jungferninseln und nordwestlich von St. Kitts gelegen. Internationaler Flughafen in Sint Maarten. Touristen Information: St. Maarten: Walter Nisbeth Straat 23, Phillipsburg, Tel. 2 23 37; Saba: Windward Side, Tel. 46 22 31; St. Statia: Fort Oranjestad 3, Tel. 38 24 33; gegenüber der Roro Pier und am Flughafen.

Sint Maarten ist der südliche Teil der Insel St. Martin. Der Norden gehört zum französischen Guadeloupe. Das Zusammenleben beider Nationen auf der kleinen Insel ist beispielhaft; nicht einmal bei der Inselaufteilung gab es Probleme. Um das Defizit des geringeren Landanteils wirtschaftlich auszugleichen, ließen sich die geschäftstüchtigen Holländer etwas einfallen: Sie bauten überall **Spielcasinos** und Dutyfree-Shops, was die Besucherzahl des holländischen Teils verdreifachte.

Im Westen weichen die herrlichen Sandstrände und die bewaldeten Hügel, die zum erloschenen Vulkan **Mt. Flagstaff** hin aufsteigen, kleinen blauen **Lagunen** und **Salzfeldern**. An der **Great Salt Pond** („Große Salzmarsch") liegt die Hauptstadt **Philipsburg** auf einem Landstreifen, der die Marsch vom Ozean trennt. Hübsch sind die kleinen Gassen, die die beiden parallel verlaufenden Hauptstraßen miteinander verbinden, die vielen schindelgedeckten Kirchen und die im **holländischen Kolonialstil** errichteten kleinen Häuser.

St. Eustatius, kurz St. Statia genannt, besitzt zwei Vulkane, die man auf dem Rücken von Eseln erklimmen kann. Im Süden der Insel liegt der erloschene Vulkan **The Quill**, der mit 600 m der höhere von den beiden ist. Sein Krater ist jetzt von üppigem Regenwald bewachsen.

Wunderschön gelegen ist die Hauptstadt Oranjestad. Sie wurde auf zwei Ebenen erbaut – die obere Stadt liegt auf einem **gewaltigen Felsen**, die untere Stadt erstreckt sich um den Hafen herum.

Inselausflüge per Boot starten vom Hafen aus. Man fährt hierbei an **herrlichen Stränden** vorbei, die mit zu den schönsten der Karibik zählen.

Das winzige Saba, nur 13 km² groß, ist dagegen von Felsen, Wald und dem Gipfel **Mount Scenery** geprägt, der 250 m aus dem Meer aufragt. Es gibt nur eine Straße, die quer über die Insel von Fort Baai über die Hauptstadt **The Bottom** zum Yrausquin Airport führt. Diese hat erst kürzlich die Fußwege ersetzt, durch die die vier Dörfer der Insel, zauberhafte Ansammlungen verzierter Holzhäuschen, einst verbunden waren.

Auch der Gipfel des **Mount Scenery** ist begehbar – 1.064 Stufen wurden hierfür einen bequemen Aufstieg in die Felsen geschlagen.

Die berühmten ABC-Inseln **Aruba** (inzwischen unabhängig), **Bonaire** und **Curacao** bilden den zweiten, südlichen Teil der holländischen Antillen. 800 km südlich, kurz vor Venezuelas Küste gelegen, schließen sie als letzte Inseln unter dem Wind den Halbkreis der Kleinen Antillen in südwestlicher Richtung ab. Ihrer eigentümlichen Schönheit, dem Charme südamerikanischer und europäischer Kultur kann man sich kaum entziehen; sie sind unbedingt einen Besuch wert.

Oranjestad auf Aruba

Kuba

44

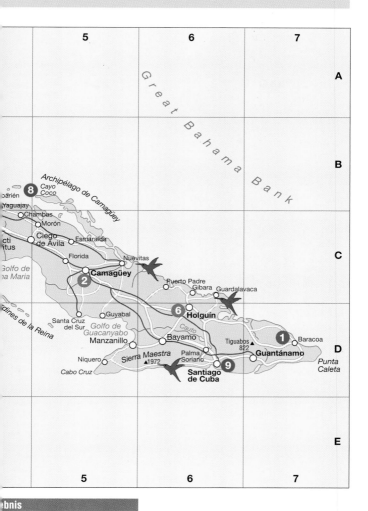

Kuba

Kubanerin

an der Felsküste, geschützt vom steilaufragenden Felsen **El Yunque**. Bis ins 19. Jh. war Baracoa praktisch nur per Schiff zugänglich und konnte so seinen charmanten **Kolonialstil** fast unverfälscht bewahren. Zentrum der Stadt ist das Viertel rund um die Kathedrale Nuestra Senora de l'Ascension, das teilweise noch die für das 17./18. Jh. typischen, eleganten, kleinen Häuschen mit hübschen Veranden besitzt, in denen heute oft kleine **Kunstgalerien** wie das **La Musa** untergebracht sind. Spät am Abend erwacht Baracoa zum Leben, vor allem die Plaza vor der Kathedrale, in deren Mitte die Statue von Hatuey steht. Er war der erste Held der Indianer, der versuchte, sich dem Untergang seines Volkes zu widersetzen.

Kuba ist die größte Insel der Großen Antillen, den USA am nächsten gelegen, nur einen Katzensprung von Key West entfernt. Wer Kuba hört, denkt an endlose Strände, an die heißen Rhythmen der kubanischen Musik, an die berühmten **Zigarren**, an Rum und Romantik, an Cocktails und **Salsa**. Hier schrieb „Papa" Hemingway sein berühmtes Buch „Der alte Mann und das Meer". Kuba ist die größte Perle der Karibik. Mit kilometerlangen **Traumstränden** und von mehr als 4.000 weiteren Inseln und Inselchen umgeben, wirkt sie auf den ersten Blick wie

ein Paradies, doch hinter der herrlichen Blumen- und Farbenpracht, hinter dem freundlichen Lächeln, der ansteckenden Musik, der berühmten Lebensfreude der Kubaner treten auch die oft schwierigen Lebensumstände zutage.

Baracoa 1

ℹ Am östlichen Ende Kubas, ca. 250 km westlich von Santiago gelegen.

Für die älteste Stadt Kubas, bereits 1512 gegründet, sollte man ein wenig Zeit nehmen. Baracoa genießt eine einzigartige Lage

In der Umgebung Baracoas liegen noch einige kleine Dörfer, in denen die letzten Indianer leben – ungefähr 100 gibt es noch. Über die Kultur dieser Tainos informiert das **Stadtmuseum für Geschichte** (tgl. 8 - 18 Uhr geöffnet, So 8 - 12 und 14 - 18 Uhr), das im ehemaligen Fort de Matachin untergebracht ist.

Ganztägige **Klettertouren** auf den **El Yunque** werden in einigen Hotels angeboten, die mit ausgebildeten Führern zusammenarbeiten. Informationen sind an den Rezeptionen erhältlich.

Camagüey 2

ℹ️ Provinzhauptstadt im Inselinneren, auf halbem Weg zwischen Santa Clara und Santiago gelegen, 565 km östlich von Havanna.

Die Stadt, heute die drittgrößte der Insel, sollte 1514 ursprünglich an der Küste gegründet werden. Häufige **Piratenüberfälle** zwangen die Siedler dann, sich ins Inselinnere zurückzuziehen. Sie errichteten ihre Siedlung schließlich an der Stelle des Indianerdorfes Camagüey.

Besonders charmant ist die belebte Altstadt. Ihr zentraler Platz **San Juan de Dios** im Schatten der gleichnamigen Kirche und des Hospitals (beide wurden Anfang des 18. Jh.s errichtet) ist eins der schönsten Beispiele der Kolonialarchitektur: umgeben von kleinen Häuschen mit hübschen Balkons, die Fenster von schmiedeeisernen Gittern geschützt und mit Dachziegeln bedeckt, die in allen Farbtönen leuchten. Über die **Calle Cisneros** in nördlicher Richtung gehend, kommt man zum **Parque Ignacio Agramonte**, über dem sich die Kathedrale erhebt, deren drei Schiffe mit weitläufigen Arkaden, Seitenaltären und Marmorfresken im **Mudejarstil** beeindrucken. Die Kathedrale wird zur Zeit vollständig restauriert.

🖼️ Der Calle Independencia in nördliche Richtung folgend, erreicht man, vorbei am Justizpalast, das **Museum Ignacio Agramonte** (Di - Sa von 10 - 18, Do und Fr bis 22, So von 8 - 14 Uhr geöffnet). Das Museum, im **Geburtshaus** des Unabhängigkeitskämpfers Agramonte untergebracht, widmet sich der Geschichte der kubanischen Revolution.

Gegenüber des Museums steht die wuchtig wirkende Iglesia de la Merced mit Deckengemälden und einem **Silbersarkophag** rechts vom Chor. An der Av. Ignacio Agramonte befindet sich die Iglesia de la Soledad, ebenfalls im 18. Jh. aus Ziegeln erbaut.

🖼️ Südlich über die Av. República kommt man zum **Museo Estudiantil** (Di - Fr 9 - 17, Sa 8 - 16 Uhr geöffnet), das der Studentenbewegung im Spanienkrieg, der internationalen Bewegung der Solidarität sowie den unzähligen unbekannten Opfern des Kampfs gegen die Diktatur gewidmet ist.

🖼️ Eine schöne **Kunstgalerie**, Galeria del Arte Universal, befindet sich in der Calle Antonio Luaces 153. Sie ist in ei-

Tauchen im Korallenriff

nem der hübschesten Kolonialstil-Häuser untergebracht.

Romantisch, in einem zauberhaft begrünten Patio, kann man durchgehend von 12 - 22 Uhr im **Campagna de Toledo** (Plaza San Juan de Dios) essen. Die Spezialitäten des Hauses sollten unbedingt probiert werden.

COLIBRI GEHEIMTIP

Nördlich von Camagüey liegt einer der berühmtesten Strände Kubas - der von **Santa Lucia**. Hier befindet sich eines der schönsten Tauchparadiese der Insel, geschützt von einem der größten **Korallenriffe** der Welt. (C6)

Cayo Largo 3

Die Insel ist rund 50 km vor der Südküste Kubas gelegen. Es bestehen Flugverbindungen mit Havanna und Varadero.

Ein wahres Paradies für sich ist diese kleine, schmale Insel, die erst in den 80er Jahren für den Tourismus erschlossen wurde. 25 km feinster Sandstrand, türkisfarbenes Meer, exotische Flora und Fauna, rote Korallenriffe – so präsentiert sich Cayo Largo dem Besucher. Die Insel ist ideal für **Natur-**

liebhaber. Die wenigen Hotelanlagen wurden harmonisch in die Umgebung eingefügt. Hier wird darauf geachtet, daß die heimische Fauna ungestört bleibt. So tummeln sich hier **Schildkröten**, **Leguane**, **Pelikane** und **Kolibris**; auch die Unterwasserwelt ist hier ganz intakt. Der Fischbestand im Korallenriff zeigt sich überaus artenreich. An Land sind herrliche Pflanzen zu bewundern.

Cienfuegos 4

Am Südstrand der Insel, etwa in ihrer Mitte gelegen, ungefähr 325 km südöstlich von Havanna.

Die „Stadt der Zuckerbarone" verdankt ihre Bedeutung u.a. der schönen Lage am Rand einer weitläufigen, gut geschützten Bucht. Vom Reichtum des 18. und 19. Jh.s zeugt noch so mancher prachtvolle Bau: Wohnhäuser im neoklassizistischen Stil

oder das berühmte **Teatro Tomás-Terry**, der Mailänder Oper nachempfunden und nach einem der Zuckerbarone benannt. Hier feierte auch Caruso überwältigende Erfolge.

Im **Palacio del Valle** befindet sich heute ein Luxus-Restaurant. Der Palast wurde Anfang des 20. Jh.s von einem Amerikaner errichtet, der ihn mit einer recht eigenartig wirkenden Mischung aus venezianischem, maurischem und neugotischem Stil ausstattete. Sehenswert sind die diversen Paläste auf der Halbinsel **Punta Gorda**. An der äußersten Spitze lädt ein kleiner Park gegen ein Entgelt zur Entspannung ein. Man genießt einen schönen Blick auf die Bucht. In der Entfernung ist das einzige Atomkraftwerk Kubas zu erkennnen. Es wurde allerdings nie in Betrieb genommen.

Wer sich für **Antiquitäten** interessiert, sollte das **Stadtmu-**

Ein wenig scheu: Pelikane

seum am zentralen Platz Cienfuegos, dem Parque José Martí besuchen (Mo - Sa 8.30 - 17 Uhr).

Botanisch Interessierte können ihre Kenntnisse tropischer und subtropischer Flora im fast 100 ha großen **botanischen Garten** erweitern (der Garten findet sich nach 18 km in Richtung Trinidad).

Havanna 5

Landeshauptstadt im Nordwesten der Insel. Oficina de Turismo de La Habana in der Miramar Calle 28 Nr. 303 (zwischen der 3. und 5. Avenida).

Café im Innenhof

Lebensfrohe Hauptstadt Kubas, **Wahlheimat Hemingways**, kulturelles und politisches Zentrum des Landes – die Eindrücke, die die drei Millionenstadt La Habana vermittelt, sind vielfältig: bunt, laut, berauschend, oft faszinierend kontrastreich.

Die Altstadt Havannas, **Habana Vieja**, entstand ab 1519 am westlichen Ufer der gleichnamigen Bucht. Heute wird dieses älteste Viertel durch drei weitere ergänzt: **Habana Central**, **Miramar** und **Vedado**.

Die historische Altstadt, auch wenn sie mancherorts etwas verfallen wirkt, wurde von der UNESCO als Kulturerbe vollständig unter **Denkmalschutz** ge-

stellt. Sie bietet eine Reihe wunderschöner Plätze und Gebäude, die erst kürzlich restauriert wurden. Man sollte aber auch durch jene Gassen schlendern, in denen bisher nur wenig saniert wurde. Hier stehen die alten Mauern seit vielen Jahrhunderten fast unverändert, bestückt mit zauberhaften Balkons, schmiedeeisernen Gittern und exotisch wirkenden Fensterumrahmungen. So mancher Blick durch ein halbgeöffnetes Tor läßt romantische, schattige **Innenhöfe** erkennen, umgeben von Arkaden, die sich oft auf Freitreppen öffnen – man glaubt sich stellenweise in Andalusien.

Zentraler Platz und Mittelpunkt des Kolonialviertels ist die **Plaza de la Catedral**. Hier wimmelt es von kleinen Kunsthandwerk-

ständen vor der grandiosen Kulisse der im 18. Jh. errichteten barocken Kathedrale und vieler eleganter Gebäude. In einigen dieser Paläste sind sehenswerte Museen, Galerien und Restaurants untergebracht: das **Museo del Arte Colonial** (tgl. außer Di 10 - 17.30, So 8.30 - 12.30 Uhr geöffnet) sowie das **Museum für Nationale Erziehung**.

Unweit der Kathedrale trifft man auf eine der Spuren Hemingways, der zwischen 1940 und 1950 auf Kuba lebte: In der Calle Empedrado Nr. 207 befindet sich sein **Lieblingsrestaurant**, die berühmte **Bodeguita del Medio**. Seit Jahrzehnten Anlaufpunkt für fast jeden Besucher Havannas, konnte sie sich dennoch ihr ursprüngliches Gesicht weit-

Kuba

Havannas Barockkathedrale

gehend bewahren: Wände und Decke sind übersät von Plakaten, Postern und Graffitis.

Südöstlich liegt die **Plaza de Armas**, der älteste Platz Havannas aus dem 16. Jh., ebenfalls umrahmt von schönen Gebäuden im Kolonialstil wie dem Palast der Generalkapitäne. Hier ist das Museo de la Ciudad, das über die Stadtgeschichte informiert, untergebracht. (tgl. 9.30 - 18.30 Uhr geöffnet). Daneben befindet sich eine Besonderheit: **Holzpflaster** – es

wurde mit dem Ziel gesetzt, das Hufgeklapper der Pferde abzuschwächen. Die Mitte der Plaza bildet eine Gartenanlage mit der Statue des Patrioten **Carlos Manuel de Cépedes**.

Um den Platz herum reihen sich zahlreiche **Stände**, an denen Bücher verkauft werden. Für Bücherwürmer ist dies ein wahres Paradies.

Die **Plaza de Armas** wird vom **Castillo de la Real Fuerza** dominiert, dem ältesten Fort der Stadt. Es stammt aus dem Jahre 1544. In westlicher Richtung wird die Altstadt vom **Paséo de Martí**, auch Prado genannt, begrenzt, der den Parque Central mit der Hafenpromenade, dem Malecón, verbindet. Am Prado befindet sich das **Capitolio Nacional**. Ende der 20er Jahre wurde es als Kopie des Weißen Hauses in Washington errichtet. In der Nähe liegen auch das **Teatro García Lorca**, das **Museo de Bellas Artes** (voraussichtlich bis ins Jahr 2000 wegen Renovierung geschlossen) sowie das **Museum der Revolution** (Calle Refugio 1, Di - So von 10 - 17, Sa bis 18 Uhr geöffnet). Dieses Museum ist im ehemaligen Präsidentenpalast untergebracht. Über das Museum zugänglich ist das **Mémorial Granma**, die Jacht, die seinerzeit Fidel Castro und 82 Gefolgsleute von Mexiko nach Kuba zurückbrachte.

Der Prado endet an der Festung San Salvador de la Punta. Ihr gegenüber erhebt sich auf der anderen Seite der Bucht die trutzige Festung **El Morro**. Die beiden Befestigungsanlagen waren früher durch eine schwere **Kette** verbunden, um den Hafen in Notfällen abzuriegeln. Heute kündigt noch ein Kanonenschuß um 21 Uhr die Hafenschließung an.

Etwas unterhalb der Festung El Morro liegt gegenüber der Altstadt die Forta-

Hemingway war hier Stammgast

leza San Carlos de la Cabana (tgl. 10 - 22 Uhr geöffnet), die wohl beeindruckendste Festungsanlage der Stadt, 1763 errichtet. Sie beherbergt heute das Museum Che Guevaras, des bekanntesten Guerilla-Führers des Landes.

In westlicher Richtung verläuft der 5 km lange Malecón. Dies ist der Treffpunkt von Havannas Ju-

gend. Er zieht sich am Meer entlang und führt zu den moderneren Vierteln der Stadt. Über die „Rampa", die Hauptverkehrsader Vedados, die durch das ehemals „rote Viertel" von Havanna führt, erreicht man den **Friedhof Colón** (Kolumbus). Er wurde Ende des 19. Jh.s angelegt und mit teilweise verblüffenden Grabmälern ausgestattet. Östlich, vorbei an der riesigen Plaza de La Revolucion, die eine Million Menschen fassen kann, an der Universität und einigen Ministerien vorbei, geht es wieder zurück zur Altstadt.

In Vedado und in der Altstadt befinden sich unzählige **Paladares**, kleine private Restaurants, oft in den Wohnhäusern der Familien untergebracht. Man ißt gut und preiswert, allerdings ist die

Auswahl an Gerichten nicht besonders groß.

Auf keinen Fall sollte man sich einen Drink im **El Floridita** (Calle Obispo 557, Altstadt) entgehen lassen, in einer Bar mit besonderem **Hemingway-Mythos**. Der Barhocker des Schriftstellers ist übrigens angekettet.

Einen Besuch lohnt das **Centro Wilfredo Lam** (San Ignacio y Empedrado, hinter der Kathedrale, Mo - Fr 9 - 15 Uhr geöffnet). Der Namensgeber des Museums, ein Maler und Freund Picassos, steht stellvertretend für die zeitgenössische kubanische Kunst.

Holguín 6

Hauptort der gleichnamigen Provinz, im

Delphine begleiten ein Boot

Nordosten Kubas gelegen, mit Flughafenanbindung.

„Niemals habe ich ein schöneres Land gesehen ... der Strand ist voll von Tausenden von Muscheln. Welch reine Luft und ständig eine überwältigende Symphonie von Vogelgesang ..." soll der Überlieferung zufolge schon **Kolumbus** geschwärmt haben, als er erstmalig die Küste der heutigen Provinz Holguín erblickte. Über 40 Naturstrände reihen sich hier aneinander, weißsandig und flach abfallend – ideal zum Baden, Schnorcheln und Tauchen am Korallenriff. Der bekannteste dieser Strände ist **Guardalavaca** – hier kann man in der Anlage **Bahia Naranjo** mit **Delphinen** schwimmen.

Nueva Geroma

die üppig grüne, sanfthügelige Landschaft lohnt sich. In Holguín angekommen, sollte man durch die hübsche Altstadt mit dem **Parco de la Flore** schlendern. Wer es bequemer mag, kann sich von einer Rikscha durch die Gassen ziehen lassen. Sehr belebt und von vielen Kneipen umgeben ist der Parco Galixto García.

Isla de la Juventud   7

COLIBRI GEHEIMTIP

Von Guardalavaca aus kann man einen Hubschrauber - Ausflug zum Inselchen **Cayo Saetía** unternehmen. Man traut dort seinen Augen nicht: Hier laufen Zebras, Antilopen und Strauße herum - Tiere, die auf den Antillen nicht heimisch sind, sondern eingeführt wurden. Cayo Saetía war früher ein Jagdgebiet. (C6)

Auch der Hauptort Holguín, ist interessant. Allein schon die Anreise durch

Im Los Canarreos Archipel, südlich der Hauptinsel gelegen. Flugverbindung von Havanna, Fähren von Batabano.

Die „Insel der Jugend" trug früher den Namen „Pinieninsel" und soll – wie so manche andere Insel der Karibik – Vorlage für Stevensons Roman „Die Schatzinsel" gewesen sein. Berühmt-berüchtigt wurde die Insel jedoch vor allem durch das riesige Gefängnis, in dem Regime-Gegner festgehalten wurden – so der Dichter José

Martí, aber auch Fidel Castro. Nach seiner Befreiung an die Macht gekommen, taufte Castro die Insel um und „weihte" sie vollständig der Jugend, indem er sie mit zahlreichen Schulen, Jugendherbergen und Camps ausstattete, in denen jeder Jugendliche an der wirtschaftlichen Entwicklung der Insel mitarbeiten kann. Hauptstadt der Insel ist Nueva Gerona, 1830 gegründet. Die Atmosphäre ist ein wenig provinziell und ohne besondere Sehenswürdigkeiten, lädt aber zum Bummeln ein. 6 km östlich befindet sich der Gefängnisblock **El Presidio** mit einem interessanten kleinen Museum.

Im Süden der Insel liegt Playa Roja, ein riesiger Strand, von Kokospalmen gesäumt. Dies ist der Ausgangspunkt zur Hauptattraktion der Insel: der **Unterwasserwelt**. Man taucht durch Korridore, Tunnel, Grotten, vorbei an schwarzen Korallen, sieht

Wal-Haie, Mantas, Barrakudas und Schiffswracks aus dem 17. Jh., die oft in einer Tiefe von nur 10 Metern liegen.

In den Hotels werden **Inselausflüge** angeboten, die man in Anspruch nehmen sollte, da Taxis mangels Konkurrenz extrem teuer sind. Interessant sind eine **Krokodilfarm** und ein Trip zum Naturpark südöstlich von La Fe, der noch völlig unberührt ist (eine Zutrittsgenehmigung ist notwendig, aber kostenlos).

(Jardines del Rey) Cayo Coco & Cayo Guillermo 8

Inseln, im Norden der Provinz Ciego de Avila gelegen. Erreichbar über eine Dammstraße ab Morón über die Laguna de la Leche. Flugverbindung ab Havanna.

Cayo Coco und Cayo Guillermo entsprechen voll und ganz den typischen Inselträumen. Das Meer schimmert in allen Türkis- und Blautönen; der 22 km lange Strand von Cayo Coco ist herrlich weiß, dahinter erstreckt sich der immergrüne Wald von Mangroven und Kokospalmen. Ähnlich wie Cayo Largo im Süden sind auch die Jardines del Rey ein Vogelparadies. Hier soll es fast 160 verschiedene Arten geben, darunter **Flamingokolonien** und kleine weiße Reiher, Cocos, die einer der Inseln ihren Namen gaben. Aber nicht nur für Vögel sind die Inseln eine Oase, sondern leider auch für Moskitos, die nach Sonnenuntergang besonders aktiv werden. Ein Mückenschutz ist deshalb besonders empfehlenswert.

Anders als Cayo Coco mit seinen langen Stränden stellt sich **Cayo Guillermo** dar, das mit seinen vielen Buchten, Klippen und undurchdringlichen Mangrovensümpfen jahrhundertelang ein ideales Versteck für Piraten war, geschützt durch **Korallenriffe**, an denen man heute seiner Tauch- und Schnorchelleidenschaft nachgehen kann.

Santiago de Cuba 9

An der Südostküste Kubas, am Fuße der Sierra Maestra gelegen, ca. 935 km von Havanna entfernt.

Santiago, die zweitgrößte Stadt des Landes, ist gleichzeitig die lebendigste und „karibischste" unter ihnen. Hier entwickelte sich die „Trova", die kubanische **Volksballade**. Bis heute hört man sie an jeder Ecke, denn in der Stadt lebt die Musik. Die ursprünglich romantisch geprägte Musik nahm während der Revolution politischen Charakter an. Santiago spielte bei allen Freiheitskämpfen eine bedeutende Rolle. Die 1514 gegründete Stadt gilt als „Wiege der Revolution". So verkündete dann auch Fidel Castro vom blauen Balkon des Rathauses, das am zentralen Platz der Stadt, dem **Parque Céspedes**, liegt, 1959 den Sieg der Revolution. Auf

Cayo Coco: naturbelassener Traumstrand

Stufenstraße in der Altstadt

die besondere Atmosphäre der Stadt am besten mit. Eine der schönsten Straßen ist die durch ihre vielen Treppen malerisch wirkende **Calle Padre Pico**. Der Aufstieg wird mit einem herrlichen Blick über die Dächer der Altstadt belohnt.

In der Calle Pio Rosado y Aguilera befindet sich das **Museo Emilio Bacardí**, das Nationalmuseum für Geschichte und Kunst, gestiftet von dem wohl bekanntesten Rumfabrikanten (9 - 20.30, So und Mo ab 14 Uhr geöffnet).

In der gleichen Straße liegt das **Karnevalmuseum** der Stadt (tgl. 9 - 17, Sa bis 21 Uhr, Mo geschlossen). Der Karneval Santiagos (er dauert von Mitte bis Ende Juli) ist der wildeste und bunteste des Landes. Monatelang werden die Wagenumzüge, Kostüme, Tänze und die Musik vorbereitet. Das Treiben erinnert an den Karneval von Rio.

der anderen Seite des Platzes liegt die Kathedrale, eine der ältesten der Neuen Welt von 1523, wenn auch vom ursprünglichen Bau nur noch wenig erkennbar ist. Ebenfalls am Parque Céspedes liegt der **Palacio Diego Velázques**, eines der schönsten und ältesten Gebäude der Stadt (1516), ausgestattet mit einem langgezogenen vergitterten Balkon. Von dort aus konnte man das Treiben am Platz beobachten, ohne selbst gesehen zu werden. Der Palast ist heute ein sehenswertes Museum (tgl. 8 - 18, So 9 - 13 Uhr geöffnet), das dem „historischen kubanischen Ambiente" (Museo de Ambiente Histórico Cubano) gewidmet ist. Vom Park aus sollte man die Altstadt in Richtung Hafen erkunden. Hier bekommt man

Schulklasse auf dem Céspedesplatz

Grauer Kaiserfisch im Riff

von 9 - 17 Uhr geöffnet), das Humboldt-Museum für Archäologie und Naturwissenschaften (tgl. außer Sa 9 - 17 Uhr), das Museum für Architektur (tgl. außer Fr 9 - 17 Uhr) und La Galerie mit einer Zeichenschule für naive Kunst (tgl. 8 - 17 Uhr) - hier sind alle Exponate, auch die Skulpturen und die Töpfereien zu verkaufen.

COLIBRI GEHEIMTIP Westlich und östlich von Santiago erstreckt sich die **Sierra Maestra** mit herrlichen Wäldern, die sich bis zur Küste ziehen. Etwa 40 km nordöstlich von Santiago liegt der **Baconao Naturpark**, inzwischen von der UNESCO als schützenswertes Biosphärenreservat anerkannt. Doch bewundern kann man nicht nur den artenreichen Baumbestand, sondern auch ein „prähistorisches Tal" mit Dinosauriern, ein Aquarium mit Delphinarium und einen botanischen Garten. (D6)

Trinidad 10

An der Südküste in der Mitte der Straße zwischen Cienfuegos und Sancti Spiritus, ca. 450 km östlich von Havanna gelegen.

Die schönste Stadt der Insel ist sicherlich Trinidad. Die malerische Altstadt liegt am Fuße des **Escambray Gebirges**. Hier gibt es kein hektisches Treiben mehr, sondern Ruhe und Beschaulichkeit. Trinidad ist der ideale Ort, um Abstand vom Alltag zu nehmen, Augen und Ohren zu öffnen und um einfach die Atmosphäre und das Leben zu genießen. Die gesamte Altstadt wirkt wie ein sehr lebendiges Museum. Zauberhaft ist der Blick auf die in Pastelltönen gehaltenen Häuser vor dunkelgrünem Hintergrund. Die Zeit scheint stehengeblieben zu sein, schaut man doch auf das gleiche holprige Kopfsteinpflaster wie vor einhundert Jahren, über das die Kaleschen rattern.

Elegant wirkt die **Plaza Mayor** mit den schön restaurierten Museumsbauten, darunter das Museum der romantischen Kunst (tgl. außer Mo

Die **Iglesia de Santisima Trinidad** wirkt auf der Plaza Mayor etwas seltsam. Im 19. Jh. begonnen, konnte sie wegen des durch die Zuckerkrise bedingten Geldmangels nie vollendet werden.

Eine Disco der besonderen Art befindet sich im Hotel **Las Cuevas** (Finca Santa Ana, oberhalb der Stadt, ab 22 Uhr geöffnet). Wer möchte nicht wenigstens einmal im Leben zwischen Stalaktiten und Stalagmiten die Nacht durchtanzen? Aber Vorsicht – der Boden kann manchmal etwas glitschig werden.

Von einer landschaftlich vielfältigen Seite zeigt sich die Umgebung von Trinidad bei einem Ausflug ins Escambray Gebirge. Hier finden sich die wunderschönen **Los Ingenios Täler** und herrlich gelegene Stauseen. Die Bergkette war wegen ihrer Verstecke seinerzeit Refugium der Guerilla-Kämpfer unter Che Guevara.

Kuba

Varadero, der bekannteste Ferienort auf Kuba, gilt als Paradies für Wassersportler und Nachtschwärmer. Der Ort ist mit einem Flughafen ausgestattet und liegt etwa 130 km östlich von Havanna an der Nordküste des Landes. Varadero wurde bereits Ende des 19. Jh.s angelegt. Die meisten der hübschen Ferienhäuser an der **Avenida Primera**, der Hauptstraße des Ortes, stammen aus dieser Zeit. Hier reihen sich zahlreiche Geschäfte, Bars und Restaurants aneinander – in Discos und Cabarets werden Shows und heiße Musik geboten. Wer am nächsten Tag noch Kraft hat, kann im **Delphinarium**, dem Rincón de Frances, mit Delphinen schwimmen.

Trocknende Tabakblätter

Der kubanische Westen   11

i Umfaßt die Provinz Pinar del Rio mit gleichnamiger Hauptstadt. Sehr schlechte Zug- und Busverbindung, ein Mietwagen ist deshalb unbedingt erforderlich.

Der Westen Kubas ist für viele das landschaftlich schönste Gebiet, ausgesprochen abwechslungsreich, mit **sanften Tälern**, eingerahmt von der Sierra de los Oreganos im Westen und der Sierra del Rosario im Osten. Die Provinz hat unglaublich viel zu bieten. Die **Bergkette** De los Oreganos beherbergt unzähli-

ge **Grotten** und **Höhlen**. Hier befindet sich das wunderschöne **Vinales-Tal** mit malerischen Tropfsteinhöhlen, durchzogen von unterirdischen Flüssen. Das fruchtbare Tal ist zusammen mit dem von Vueltabajo das Herzstück des Tabak-Anbaus. Angeblich gibt es hier den besten Tabak, der dann auch weltweit in Form der berühmten Havanna Zigarren vertrieben wird.

Überall in den Tabakfeldern verstreut liegen die **„mogotes"**: in ihrer Umgebung bizarr wirkende, steil aufragende Kalksteinfelsen mit flachen Rücken. Auf einen dieser Felsen in der Nähe von Vinales (Ausschilderung Mural de la Prehistoria) ließ Fidel Castro in den 60er Jahren ein leuchtendbuntes Bild über die Evolutionsgeschichte

malen. Leovigildo Gonzales Morillo fertigte das Monumentalwerk an: 40 m hoch und 120 m breit.

Sehr schön ist auch die Umgebung von **Soroa**, eines charmanten kleinen Orts zu Füssen der Sierra del Rosario, berühmt für seinen traumhaften **Orchideengarten** (Führungen alle 30 Min., tgl. von 8 - 12 und 13 - 15.30 Uhr) und für seinen Wasserfall auf der anderen Seite des Gartens. Nach dem Marsch dahin (Eintritt!) kann man sich bei einem Bad unterhalb des 70 m hohen Falles erfrischen.

Die Provinzhauptstadt **Pinar del Rio** überrascht durch Lärm und Lebendigkeit – und durch ihre säulengestützten, überdachten Bürgersteige, durch schöne Schmiedearbeiten

Herrliche Strände, verschwiegene Buchten und ein exzellentes Tauchgebiet erreicht man nach einer holprigen Fahrt durch den verwilderten Teil des Westens an der Landspitze der **Halbinsel Corrientes bei Maria La Gorda**. (C1)

und dicke, rot schimmernde Dachziegel.

Besuchenswert sind hier das **Museo de Cinecias Naturales** im Palacio Guasch (Calle Marti y Pinares, Di - Sa 9 - 16.30 Uhr und So nachmittags) und vor allem die örtliche Tabakfabrik in der Calle A. Maceo (Mo - Fr 9 - 16.30, Sa bis 12 Uhr). Wer will, kann sich hier seine eigene Zigarre drehen!

Unbedingt probieren sollte man eine Spezialität der Region: **Cerdo Asado**, im Holzofen geschmortes Spanferkel, das fast überall in den kleinen Restaurants der Gegend angeboten wird.

Zapata   12

Halbinsel im Südwesten Kubas, ca. 250 km südöstlich von Havanna. Die schlechte Verkehrsanbindung macht einen Mietwagen erforderlich.

Die wie ein Schuh (= span. Zapata) geformte Halbinsel, eines der unberührtesten Gebiete Kubas, war früher im „Alleinbesitz" von Vögeln, Wildschweinen, Krokodilen und Schlangen – wildromantisch, aber nur schwer zugänglich. Heute werden die dichten Mangrovenwälder und Sumpfgebiete für den Ökotourismus erschlossen, die Krokodile trifft man nur noch im **Naturpark Montemar** und auf Farmen an. Der Naturpark gilt als das größte zusammenhängende Feuchtgebiet der Karibik und bietet ideale Lebensbedingungen für Amphibien, Reptilien und Wasservögel. Die Schweine, von den spanischen Kolonisten seinerzeit zu **Zuchtzwecken** eingeführt, gaben einer Bucht ihren Namen, die zu trauriger Berühmtheit gekommen ist: die Schweinebucht (Bahia de Cochinos).

1961 landeten bei **Playa Giron** 1.400 Exil-Kubaner und amerikanische Söldner mit dem Ziel, das Castro-Regime zu stürzen: ein Fehlschlag auf der ganzen Linie. In nur drei Tagen wurde die Konterrevolution niedergeschlagen, und es wurden 1.000 Gefangene gemacht. Das war ein Triumph für Castro, der Kuba wenige Tage später offiziell zum kommunistischen Land erklärte.

In **La Boca**, einem hübschen Touristenkomplex, kann man eine Krokodil-farm, Criadero, besichtigen, die zu einem der Arterhaltung dieser Tiere gewidmeten Naturpark gehört. Wer den winzigen Nachwuchs sieht, kann sich kaum vorstellen, daß daraus einmal bis zu 4 m lange und 250 kg schwere Ungetüme werden, die früher Mensch und Vieh in Angst versetzten.

Von La Boca aus ist ein Ausflug per Boot (Abfahrt 10, 12 und 15 Uhr während der Saison, sonst 10 Uhr) nach Guama ein „Muß" für jeden Interessierten: Die Fahrt geht vorbei an den grünen „Baumwänden" des Kanals zur Laguna de Tresorio, der Schatzlagune, in deren Mitte sich Guama, früher eine **Taino-Siedlung**, auf einer Sumpfinsel befindet. Der Legende nach haben die Indianer aus Angst vor spanischen Überfällen ihren Goldschatz in die Lagune geworfen, woher diese ihren Namen hat.

Die Natur ist hier noch völlig intakt, über Jahrhunderte hinweg unverändert, und so betrachtet, ein wirklicher Schatz, an dem sich jeder erfreuen kann.

Das einzige Hotel des Ortes besteht aus nach **Taino-Architektur** errichteten Bungalows, die auf **Holzpfählen** stehen und miteinander durch Holzwege verbunden sind – Vorsicht, nicht ausrutschen, sonst freuen sich womöglich noch die Krokodile!

Puerto Rico und Virgin Islands

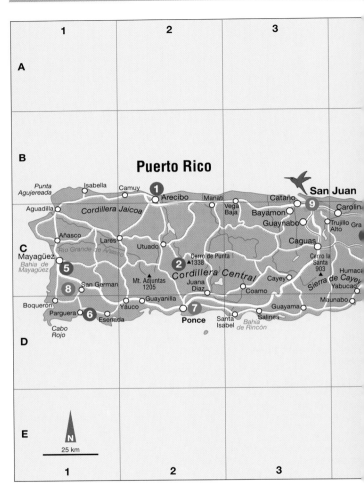

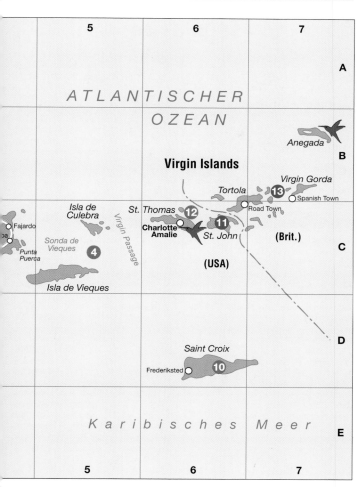

———— Vorschlag für eine
Tagesrundfahrt
zu interessanten
Sehenswürdigkeiten
Puerto Ricos

Indianische Kultstätte

Östlich von Hispaniola liegt die kleinste Insel der Großen Antillen: Puerto Rico. Die Insel hat den Status eines mit den USA assoziierten Freistaates, wobei die Bürger Puerto Ricos kein Stimmrecht bei amerikanischen Wahlen besitzen. Der amerikanische Einfluß ist auf Puerto Rico und den **Virgin Islands** allgegenwärtig, was bezüglich Unterbringung und Verpflegung durchaus von Vorteil sein kann. Trotzdem ist die einheimische Kultur hier besser und sichtbarer erhalten als in vielen anderen Gegenden der Karibik.

Landschaftlich bietet Puerto Rico – der „reiche Hafen" – alles, was das Herz begehrt: kilometerlange weiße Strände, herrlich klares, türkisblaues Wasser, zerklüftete Gebirgsketten, dichten, fast undurchdringlichen, immergrünen Regenwald, alte Städte und Dörfer mit unwiderstehlichem Charme und dazu ein bißchen „Made in America".

Arecibo 1

ℹ️ Die Küstenstadt liegt im Norden der Insel, ca. 78 km westlich von San Juan.

1556 gegründet, ist Arecibo heute ein eher ruhiger, hübscher Ort: empfehlenswert für einen kurzen Bummel durch die Altstadt. Danach kann man schön bei einen Pina Colada auf einer schattigen Terrasse sitzen und sich ausruhen. Nicht entgehen lassen sollte man sich die Besonderheiten in der Umgebung des Städtchens. Ungefähr 30 km vom Zentrum entfernt befindet sich das **Observatorium**, das der amerikanischen Cornell Universität gehört. Es besitzt eine der größten Radio-Teleskop-Antennen der Welt, die am besten vom Kleinflugzeug zu überblicken ist; Besichtigungen (mit obligatorischer Führung) finden Mi - So 14 - 16.30 Uhr statt. Überraschend wüstenähnlich ist der karge Landstrich, auf dem die immerhin 600 Tonnen schwere Antennenplattform untergebracht ist. Südlich des Observatoriums befindet sich der **Caguana Indian Ceremonial Park** in einem von hohen Felsen umgebenen Tal. Dies ist eine etwa 800 Jahre alte Kultstätte der Taino-Indianer, über deren **Zeremonien** und **Ballspiele** – es gibt hier 10 verschiedene Spielplätze! – ein kleines Museum Auskunft gibt.

20 km südlich des Ortes liegt landeinwärts von Arecibo der **Parque de las Cavernas del Rio Camuy** (es empfiehlt sich, schon früh am Morgen anzukommen; Mo geschlossen) mit dem drittgrößten **unterirdischen Fluß** der Welt. Dieser hat auf einer Länge von fast einem Kilometer geheimnisvolle Höhlen gegraben, darunter eine, die tief genug ist, um ein 30stöckiges Haus zu verbergen. Die Höhle ist ausgestattet mit Wasserfällen und säulenähnlichen, bis zu 10 m hohen Stalagmiten. Der Besuch ist ein unvergeßliches Erlebnis.

Cordillera Central 2

ℹ️ Größte Gebirgskette Puerto Ricos; sie erstreckt sich von Westen nach Osten fast über die gesamte Länge der Insel.

Durch die Cordillera Central führt eine der schönsten Straßen im Inselinneren, die man sich keinesfalls entgehen lassen sollte: die **Panorama Route**. Sie verbindet Mayagüez im Westen mit Yabucoa im Südosten. Auf ca. 270 km schlängelt sich die Straße durch Täler und über Bergrücken, vorbei an erfrischenden **Wasserfällen** und kleinen, romantischen Orten. Von den Höhen eröffnet sich immer wieder ein herrlicher Blick auf das türkisblaue karibische Meer. In der Cordillera liegt der Naturpark **Toro Negro**, der sowohl die höchste Erhebung Puerto Ricos, den **Cerro de Punta** (1.338 m), als auch den höchstgelegenen See der Insel, den Lago el Guineo, umschließt. Von hier fährt man abwärts, vorbei an den 30 m hohen Wasserfällen der **Area Dona Juana**, Richtung Coamo – ein kleiner Ort, dessen medizinische Heilquellen bereits von den Indianern genutzt wurden. Nördlich des Ortes liegt der San Cristobal Canyon, eine beeindruckende, 200 m tiefe Schlucht, in die sich ebenfalls ein Wasserfall stürzt. Weiter östlich kommt man dann zur Carite Reserva Forestal. Hier sollte man einen Abstecher

Entlang der Panorama Route

zum katholischen Zentrum Nuestra Madre machen, das von herrlichen Gärten umgeben an einer Bergflanke liegt. Die Anlage ist zu besichtigen; **Königspalmen** und Eukalyptusbäume laden zum Ausruhen ein.

🔖 Ein paar Kilometer vom **Toro Negro** entfernt (Beschilderung beachten!) liegt eines der schönsten Landgüter der Insel: die **Hacienda Gripinas**. Der Parador, das ehemalige Landhaus der Kaffeeplantage (heute ein Hotel), ist eines der besten Beispiele ländlicher Kolonialarchitektur.

★ El Yunque 3

ℹ️ Nationalpark in der Sierra Luquillo, östlich von San Juan. Offizieller Name: Caribbean National Forest.

Mehr als 11.300 ha groß ist diese besondere Attraktion Puerto Ricos. Hier ist ein atemberaubendes Stück intakter **Regenwald** erhalten geblieben: mit 240 verschiedenen Baumarten, zum Teil über 1.000 Jahre alt, mit 50 Farnarten sowie mit einer Vielzahl von prächtigen Blumen, darunter wilde Orchideen. Daß hier jährlich außerordentlich viel Regen fällt, dankt die Natur mit traumhafter Farbenpracht. Ein etwas feuchter Spaziergang führt über Hängebrücken, vorbei an Wasserfällen und **Orchideenwäldern** zu immensen Farnen und schön gelegenen Aussichtsplattformen. Im Park lebt das Inselsymbol, der **Coqui**, ein kleiner, grüner **Baumfrosch**, der seinen Namen von seinem zweisilbigen Ruf „Ko-kii" erhalten hat, den man überall auf der Insel hört. Das Besuchszentrum des Parkes, El Portal, gibt genaue Informationen über Flora und Fauna.

Eine Bootsfahrt auf dem **Rio Espirito Santo** ist lohnenswert. Der Fluß entspringt in den Luquillo-Bergen und mündet in den Atlantik. Er ist auf ca. 8 km schiffbar und bietet traumhafte Blicke auf die Ufer.

Islas Vieques und Culebra 4

i Zwischen 20 und 50 km vor der Ostküste der Hauptinsel liegend.

Fährverbindung von Fajardo, bei Autotransport sollte eine Woche vorher reserviert werden. Die Ablegezeiten variieren stark, Auskünfte und Buchung unter Tel. 8 63 - 08 52.

Von Fajardo aus, einem Ausgangspunkt diverser **Segel**- und **Tauchexkursionen**, gibt es Schiffsverbindungen zu zwei weiteren landschaftlichen Höhepunkten Puerto Ricos: zu den Inseln **Culebra** und **Vieques**. Culebra, das zusammen mit 24 weiteren winzigen Inseln eine Art „Mini-Archipel" bildet, war jahrtausendelang Eiablageort der 600 kg schweren **Lederschildkröten**. Sie wurden im 16./17. Jh. unter anderem von Piraten gejagt, die die versteckten Buchten der Insel als idealen Unterschlupf nutzten. Anfang des 20. Jh.s richtete Präsident Roosevelt hier eine Marinebasis (1975 geschlossen) und ein **Vogelschutzzentrum** ein. Heute ist die kleine Insel, die touristisch noch wenig

erschlossen ist, aufgrund ihrer rauhen Landschaftsformen, ihrer korallengeschützten Tauch- und Schnorchelgründe und aufgrund der herrlichen Strände zu einem Geheimtip geworden.

Viel belebter ist dagegen Vieques, der Hauptinsel näher gelegen als Culebra. Früher von **Arawak-Indianern** besiedelt, wurde die Insel später Schauplatz von Auseinandersetzungen verschiedener Staaten, die dort um die Vormacht kämpften und die Indianer ausrotteten.

Sehenswert sind, von den fantastischen Tauchgründen (die schönsten befinden sich am Blue Beach) abgesehen, der alte Leuchtturm am Hafen von Isabel Segunda und das die Stadt überragende Fort (19.Jh.). Im Süden liegt das Städtchen **Esperanza** mit den schönsten Stränden der Insel, an denen sich zahllose Bars und Restaurants entlangziehen. Besuchenswert ist die schöne Casa del Frances, das ehemalige Haus eines Plantagenbesitzers in der Nähe Esperanzas. Spektakulär und daher nicht zu versäumen ist die phosphoreszierende **Mosquito-Bay** — aber Vorsicht, ihren Namen hat sie nicht zu Unrecht! Viele Hotels organisieren nächtliche Exkursionen an diesen interessanten Ort.

 Etwas außerhalb von Fajardo in Richtung

Farne im Regenwald

Meer (Str. 987) liegt **El Faro**, ein neoklassizistischer Leuchtturm, der seit 1882 in Betrieb ist. El Faro ist vom neu eingerichteten Las Cabezas de San Juan Nature Reserve umgeben, in dem ein Naturzentrum, eine Ausgrabungsstätte und ein Stück „Urwald" zu besichtigen sind. Tour-Reservierungen sind unter Tel. 7 22 - 58 82 oder 58 34 möglich.

Mayagüez	5

 160 km von San Juan entfernt.

Die drittgrößte Stadt der Insel war 1917 Opfer einer **Naturkatastrophe**: Der größte Teil des Ortes wurde zerstört und nur teilweise im alten Stil wiedererrichtet, was Mayagüez ein „modernes" Ambiente verleiht. Sehr elegant wirkt die

Einheimischer mit Sternfischen und Octopus

von Bänken umgebene zentrale Plaza, in deren Mitte sich eine **Kolumbus-Statue** erhebt. Nördlich und südlich der Stadt erstrecken sich herrliche Strände: Der rauhere Einfluß des nördlichen Atlantiks verwandelt das Meer in dieser Gegend in ein Paradies für **Surfer**. Wer diese Sportart liebt, sollte unbedingt einen Abstecher nach **Rincon** (25 km nordwestlich) unternehmen, das während der Wintermonate zum Mekka für Liebhaber des Wellenreitens wird.

Botaniker sollten sich die zur Universität Puerto Ricos gehörende **tropische Forschungsstation** (Tropical Agricultural Research Station) nicht entgehen lassen (Mo - Fr 8 - 12 und 13.30 - 16.30 Uhr).

Knapp 80 km vor Mayagüez liegt die ökologisch besonders interessante **Mona-Insel**, die gerne mit den Galapagos-Inseln verglichen wird. Auf Mona nisten riesige Kolonien von Seevögeln,

Strand bei Rincon

Im Hafen von Guánica

die ihre Terrains mit überraschend großen Leguanen teilen.

Phosphorescent Bay 6

ℹ️ Die Bucht ist im Südwesten der Insel nahe La Parguera westlich von Guánica gelegen. Ausflüge werden von den Hotels und örtlichen Reiseveranstaltern organisiert.

Ganz in der Nähe des kleinen, freundlichen Fischerorts **La Parguera**, der die Besucher mit vielen Erholungseinrichtungen, gemütlichen Restaurants und urigen Kneipen lockt, gibt es etwas weltweit fast Einmaliges zu bewundern: eine phosphoreszierende Meeresbucht (Bahía Fosforescente). Milliarden mikroskopisch kleiner Meereslebewesen (Dinoflagellat Plankton), aufgestört durch die Bewegungen von Fischen und Booten, veranstalten in der Dunkelheit ein grandioses **Lichtschauspiel**, das in mondlosen Nächten besonders beeindruckend ist. Wie blaues Feuer leuchtet die Bucht. Wer mit der Hand durch das Wasser fährt, hinterläßt glitzernde Wirbel. Ein solches Phänomen läßt sich sonst nur noch auf Vieques, auf Jamaika und in Japan beobachten.

🚤 Von La Parguera aus kann man einen Bootsausflug durch **„The Canals"** unternehmen, ein sich kurz vor der Küste befindendes Gebiet, das aus einem Gewirr von mehr als 30 Mangroveninseln und -buchten besteht. Die Kanäle zwischen den Inseln zu befahren, ist ein Erlebnis.

Buntbemalte Häuser in Ponce

ℹ️ Im Süden der Insel gelegen, ca. 112 km von San Juan entfernt. Fremdenverkehrsbüro: Casa Amstrong Poventud, Plaza, Las Delicias (Tel. 8 40-56 95).

Ponce, die zweitgrößte Stadt der Insel, wurde 1692 vom **Urenkel Ponce de Leóns** gegründet und besitzt eine ganze Reihe von wunderschönen Kolonialgebäuden aus dem 17. und 18. Jh.

Die Kathedrale **Nuestra Senora de Guadalupe**, um die herum später die Stadt entstanden ist, wurde ursprünglich 1670 errichtet. Durch Erdbeben wurde sie mehrfach zerstört und später wieder aufgebaut. Die ausgezeichnet gearbeiteten Glasfenster sind sehenswert. Interessant ist ferner das hinter der Kathedrale gelegene, schwarz-rot gestrichene Feuerwehrhaus **Parque de Bombas**, das 1882 anläßlich der Internationalen Industrie- und Landwirtschaftsausstellung gebaut wurde. Es ist heute als Museum für Feuerbekämpfung eingerichtet (Plaza Las Delizias, tgl. außer Di 8 - 12 und 14 - 17 Uhr geöffnet). Wer zufällig Sonntag Abend in Ponce ist, sollte die kostenlosen **Konzerte des Stadtorchesters** am Feuerwehrhaus nicht versäumen!

🎷 Einen sehr guten Ruf hat das **Kunstmuseum** (Museo de Arte, Ave. las Americas 25, Tel. 8 48-05 05), das nach Entwürfen von **Edward Durell Stone** errichtet wurde und exzellente Sammlungen lateinamerikanischer und europäischer Künstler von Rubens bis Rodin zeigt. Die zentrale Stadtpromenade ist der **La Guancha Peseo Tablado**. Hier kann man am besten an der Lebensweise der Einheimischen teilhaben, indem man sich vom Trubel und der allgemeinen Lebensfreude einfach anstecken und treiben läßt. Sehenswert sind auch die **Zuckermühle** und – für alle, die noch keines besichtigt haben – das **Rum-Museum**. Immerhin werden 8 von 10 in den USA getrunkenen Flaschen Rum in Puerto Rico hergestellt.

🗝️ Eines der schönsten Beispiele einer Kaffeeplantage, vorbildlich restauriert und immer noch in Betrieb, ist die **Hacienda Buena Vista** (vor der Besichtigung muß beim Conservation Trust reserviert werden, Tel. 7 22-58 82 oder 58 34).

🎵 Den Nachbau eines präkolumbianischen Indianerdorfes des **Tibes-Stammes** kann man im

Nuestra Senora de Guadalupe

Tibes-Indian-Ceremonial-Center besichtigen. Die Anlage bietet einen guten Einblick in die Indianerkultur.

San German   8

ℹ️ Im Südwesten der Insel, ca. 168 km von San Juan entfernt an der Strecke Maygüez-Ponce gelegen.

Als zweite Stadt in Puerto Rico 1573 von den Spaniern im Inselinneren gegründet, konnte sich San German aufgrund der sicheren Lage gut gegen die in der Karibik üblichen **Piratenüberfälle** schützen und sich so seinen Reichtum über Jahrhunderte hinweg erhalten. Die Stadt behielt ihre Bedeutung bis ins 19. Jh. Noch heute ist ein großer Teil der typischen Kolonialstilbauten unverändert zu besichtigen. Ein sehr schönes Beispiel für die frühe Sakralarchitektur ist die Kirche **Porta Coeli** an der Plaza Santo Domingo, dem zentralen Platz der Stadt. Sie wurde 1606 von den Dominikanern errichtet, kürzlich geschickt restauriert und beherbergt heute ein Museum für religiöse Kunst (Mo geschlossen).

🖼️ Wen zeitgenössische Malerei mehr interessiert, der sollte einen Blick ins **Bahr House** in der Calle Acosta werfen, in dessen Ausstellungsräumen schöne Exponate verschiedener moderner Kunstrichtungen gezeigt werden.

★ San Juan   9

ℹ️ Hauptstadt des Landes, an der Nordküste gelegen. Internationaler Flughafen, sehr gute Straßenverbindungen. Fremdenverkehrsbüros (Convention Center): am Flughafen und im Casita, nahe Quai 1 in Old San Juan. Touristik-Broschüre: „Que Pasa?" mit wertvollen Tips zu aktuellen Ereignissen auf Puerto Rico.

Wie viele andere alte Städte der Antillen wurde auch Viejo San Juan vollständig unter **Denkmalschutz** gestellt, wodurch der Erhalt der alten Bauwerke einigermaßen gesichert ist. So stellt sich Old San Juan dem Besucher als eine gänzlich **spanische Stadt** vor – mit in entsprechendem Stil restaurierten Gebäuden, von denen einige noch aus der Zeit der Stadtgründung stammen. In den Straßen, die angeblich z. T. noch mit den blau-

Kirche in San German

schimmernden originalen Ballaststeinen der spanischen Schiffe gepflastert sind, findet man romantische, blumenübersäte Innenhöfe, zauberhafte enge Gassen, schöne schattige Plätze und viele Cafés und Restaurants. Die ganze **Altstadt**, überragt vom Fort San Felipe del Morro, wirkt wie eine riesige Burg, umgeben von 10 km langen Befestigungsmauern. Hinter diesen schützte sich San Juan vor den Piratenüberfällen, u.a. von **Francis Drake**.

Einen Bummel durch **Viejo San Juan** beginnt man am besten bei der Informacion Touristica im La Casita. Sie ist hübsch weiß-rosa gestrichen und hinter Packbooten und Kreuzfahrtschiffen an der Pier 1 gelegen. Von hier geht es entlang der **Stadtmauer** ein Stück hügelaufwärts bis zur Calle San José, die zur zentralen Plaza de Armas führt, an der sich das **Rathaus**, die Alcadia, befindet. Das Gebäude wurde in Etappen zwischen 1604 und 1789 erbaut und erinnert mit seinen von zwei Türmen flankierten doppelten Arkaden an das Rathaus von Madrid.

Von hier geht es westlich über die Calle Fortaleza zu einem kleinen Fort (= span. Fortaleza), das seit seiner Errichtung 1520 Sitz des Gouverneurs ist. Nicht weit davon entfernt liegt die kleine **Capilla del Santo Cristo**, die an einer Stelle

Das Rathaus an der Plaza de Armas

erbaut wurde, an der sich der Legende nach ein Reiter mit seinem Pferd in die Tiefe stürzte. Nördlich führt die Calle del Cristo zum **Museo del Arte Puertoriquena**, das schöne Sammlungen puertorikanischer Malereien und Skulpturen zeigt, und zur **Kathedrale de San Juan Bautista**, mit deren Bau schon im Jahre 1540 begonnen wurde. Sie gilt als eines der schönsten und seltensten Beispiele mittelalterlicher Architektur der Neuen Welt. Im Inneren beeindrucken die hohen gotischen Bögen und herrliche Glasfenster. Neben dem Reliquienschrein des heiligen Pius

liegt das Grabmal des Stadtgründers Ponce de León, dessen Überreste 1913 an diesen Ort überführt wurden.

Weiter geht es über kleine, treppendurchsetzte Sträßchen hügelabwärts zu einem der Stadttore Viejo San Juans, hinter dem sich die trutzige Festung **San Felipe del Morro (El Morro)** erhebt. Als wäre sie ins Meer hineingeschoben, liegt sie an der äußersten Landspitze San Juans. An ihr kam seinerzeit kaum eines der räuberischen **Piratenschiffe** vorbei. Immer und immer wieder wurde die Festung erweitert und

Karibische Gotik: die Kathedrale

verstärkt – mehr als ein Vierteljahrhundert wurde am Castillo gebaut. Die gewaltige Anlage, 42 m über dem Meer gelegen, imponiert durch 6-stöckige Türme, endlose Tunnels und die 6 m dicken Mauern. Am Friedhof von San Juan vorbei, geht es nun wieder zurück ins Zentrum der Altstadt und zur **Casa Blanca** (Calle San Sebastián 1, Mo geschlossen), dem „weißen Haus". Das schöne Gebäude wurde 1521 als Wohnhaus der Familie Ponce de Leóns gebaut und blieb dies fast 250 Jahre lang. Heute beherbergt es ein interessantes **Museum**, das über das Leben zur Kolonialzeit informiert.

In nordwestlicher Richtung führt die Calle San Sebastian zum **Museo Pablo Casals** mit vielen Erinnerungsstücken an den weltberühmten **Cellisten**. Im Juni werden alljährlich Video-Aufnahmen seiner schönsten Konzerte gezeigt.

Ein Stück weiter kommt man zur **Plaza San José**, dem abendlichen Treffpunkt der Jugend. Hier kann man in der Iglesia San José einen Blick auf die Grabstätte der Nachfahren des Stadtgründers werfen. Nördlich des Platzes liegt der Convento de Santo Domingo, von Dominikanermönchen 1523 erbaut. Besonders sehenswert ist der **Innenhof** des Klosters. Entlang der nördlichen Stadtmauer gelangt man zur zweiten Festung der Stadt, dem **Fuerte San Cristóbal** mit einem ganzen Labyrinth aus Tunnels, die im 17. Jh. zur Verwirrung möglicher Belage-

rer angelegt wurden. Ein kleines Museum versucht, einen Überblick zu vermitteln. Vom Fort aus wurde der erste **Kanonenschuß** des spanisch-amerikanischen Krieges abgefeuert. Über die Calle Fortaleza kommt man wieder zum Ausgangspunkt zurück.

Auf der anderen Seite der Stadtmauern erstreckt sich die Küste. Um die Lagunen herum ist der moderne Teil der Millionenstadt San Juan mit dem Hotelviertel Condado angesiedelt. Große Hotelkomplexe wechseln sich auf einer Länge von 10 km bis Isla Verde entlang der Küste mit Einkaufs- und Kongreßzentren ab. In den Straßen dahinter wimmelt es von Restaurants, Bars, Cafés, Kneipen und Discos.

Wer eine Ruhepause braucht: Im **La Violata** (Calle Fortaleza) kann man ganz entspannt seinen **Daiquiri** genießen.

Ein wenig lauter und sehr lebendig geht es dagegen im Café La **Bombonera** in der Calle San Francisco zu.

Wer gut essen und schön sitzen möchte, kann das im spanische Restaurant **La Mallorquina** in der Calle San Justo tun.

Die etwa **90 Jungferninseln**, Virgin Islands, sind die Gipfel einer unter dem Meeresspiegel gelegenen

Vulkankette. Sie zeichnen sich nicht nur durch ihre landschaftlichen Gegensätze, sondern vor allem durch den verschiedenartigen Lebensstil ihrer jeweiligen Bewohner aus. Etwa die Hälfte der Inseln gehört zu den **amerikanischen Jungferninseln**. Von ihnen gelten fünf als touristische Paradiese – hier erlebt man viel Trubel im amerikanischen Stil.

Man findet weiße Traumstrände, an denen der Wassersport großgeschrieben wird.

Ganz anders stellen sich die **britischen Jungferninseln** dar, denn sie sind noch vom britischen Kolonialleben geprägt. An den Traumstränden herrscht idyllische Ruhe ohne laute sportliche Animation. In den hübschen kleinen Orten gibt es keine großen Hotelkomplexe. Dafür kann man hier Romantik, Ruhe und Beschaulichkeit finden.

St. Croix   10

ℹ️ U.S. Virgins, ca. 50 km südlich von St. Thomas und St. John. Schiffs- und Flugverbindung von den USA, von Puerto Rico und innerhalb der Inseln. Touristen-Information: Gallows Bay, St. Croix; Strand Street, Frederiksted; Old Scale House, Christiansted.

St. Croix, die größte amerikanische Jungferninsel, wurde nach ihrer Zerstörung 1989 durch den Zyklon „Hugo", der 80 % aller Gebäude beschädigte, wieder aufgebaut, jedoch glücklicherweise im alten Stil. Vor allem in **Christiansted**, der größeren der beiden Städte der Insel, aber auch in **Frederiksted** spiegelt sich der ehemalige dänische Kolonialeinfluß wider. Ein gutes Beispiel für die koloniale Bauweise sind Fort Christiansværn (um 1774) und die Gebäude um die Werft.

Östlich von Christiansted liegen die berühmten Golfplätze an der Bucaneer und der Teague Bay.

Vor der Kirche San José

Puerto Rico und Virgin Islands

In westlicher Richtung führt die Centreline Road nach Frederiksted vorbei an mehreren Plantagen, dem **St. George Botanical Garden** und dem **Whim Great House** – einer interessanten, kreisförmigen Anlage, die vollständig von Gräben umgeben ist. Im Hauptgebäude wird das Leben auf den großen Plantagen der Insel dargestellt.

In Frederiksted sind weitere mit Säulen ausgestattete dänische Handelsgebäude und ein beeindruckendes **Aquarium** zu besichtigen. Weiter nördlich führt die **Mahagony Road** durch einen spektakulären Wald aus Mahagonibäumen.

Ein traumhaftes Erlebnis, besonders für Taucher und Schnorchler, ist der Ausflug zu **Buck Island**, ca. 10 km vor Christiansted gelegen. Hier scheint der Strand noch weißer, das karibische Meer noch türkiser, die Insel noch grüner zu sein. Der

Stolz von St. Croix ist das Riff. Hier wurde ein „Pfad" zur Besichtigung bizarr anmutender, herrlich bunter und vielseitiger Unterwasserflora und -fauna angelegt. Das Riff wird als **Unterwasser Park** vom National Park Service geschützt.

St. John 11

U.S. Virgins, zwischen St. Thomas und Tortola gelegen.

Nur wenige Kilometer vom lebendigen St. Thomas entfernt liegt dessen Gegenstück: St. John, die unberührteste der amerikanischen Hauptinseln. Bis 1956 war die Insel in Besitz von **Laurence Rockefeller**, der sie dann den USA unter Auflagen zum Geschenk machte. Zwei Drittel der Insel sind wegen der dschungelartigen Vegetation auf vulkanischem Boden zum Naturschutzpark erklärt worden. Die beiden einzigen großen Hotelanlagen passen sich der Insel an – luxuriös,

aber dennoch ohne Telefon und ohne Fernseher: Hier ist ungestörte Erholung garantiert. Wanderungen durch den Naturschutzpark, ob zu Fuß oder hoch zu Roß, sind möglich. Auch mit Flößen sind Erkundungen empfehlenswert, da ein Unterwasserpark im Bereich der **Trunk Bay** zum Areal gehört (Informationen unter: Tel. 7 76 62 01). Der Hauptort ist **Cruz Bay** im Westen der Insel. Hier befindet sich das St. Johns Museum, in dem die Geschichte des Sklavenaufstandes von 1733 erzählt wird. Erst nach knapp einem Jahr konnte die Revolte gegen die dänischen Herren niedergeschlagen werden. Ein großer Teil der Gefangenen zog jedoch den Selbstmord erneuter Sklaverei vor.

An der Nordküste liegen die sehenswerten **Ruinen** der Annaberg Plantation, eine der wenigen Anlagen, die noch aus der **dänischen Epoche** stammen.

St. Thomas 12

U.S. Virgins, nur wenige Kilometer westlich von Puerto Rico; internationaler Flughafen. Tourismusbüro: in Charlotte Amalie am Emancipation Square und an der Havensight Mall.

Auf St. Thomas, das zu den elegantesten und gleichzeitig zu den belebtesten karibischen Traumzielen

Beliebtes Reiseziel: St. Thomas

der Amerikaner zählt, blüht ein relativ junger „Industriezweig": Unablässig werden im Ort, am Strand, auf einer Jacht oder sogar unter Wasser Hochzeiten veranstaltet. Pulsierendes Zentrum der Insel ist der Hauptort **Charlotte Amalie** mit zahllosen Bars, Restaurants und Clubs. In den schönen arkadengesäumten Einkaufsstraßen gibt es von französischem Parfum über südamerikanische Edelsteine bis hin zu asiatischen Holzschnitzereien fast alles, was das Herz begehrt. Doch Charlotte Amalie bietet noch etwas mehr, wie z.B. den Turm, in dem der berühmt-berüchtigte **Pirat „Schwarzbart"** gelebt haben soll. Auch die Residenz des Gouverneurs, einst Sitz des dänischen Rates, das grün gestrichene Legislature Building (1864) und das tiefrote Fort Christian aus dem Jahre 1660, das heute das recht interessante **Virgin Islands Museum** beherbergt, sind sehenswerte Gebäude.

Der botanische Garten des **Estate St. Peter Greathouse** oberhalb der Stadt in den Hügeln oder **Coral World**, ein Aquarium im

Westen der Insel, sind einen Besuch wert.

Tortola und Virgin Gorda   13

G.B. Virgins, westlich der amerikanischen Jungferninseln gelegen. Der Flughafen befindet sich auf Beef Island. Fremdenverkehrsbüro: Social Security Building, Waterfront Street, Road Town auf Tortola.

Wem der Trubel auf den amerikanischen Virgins zu anstrengend war, der kann aufatmen, denn auf diesen beiden Inseln regiert die Ruhe. Landschaftlich sind die Inseln genauso paradiesisch, nur wesentlich beschaulicher.

Tortola und Virgin Gorda besitzen gemeinsam nur etwa ein Zehntel der Bevölkerung von St. Thomas. Hier gibt es sie wieder, die **einsamen**, **versteckten Buchten** sowie menschenleere Naturparks – im Inneren um Tortolas Mount Sage. Entlang den Küsten finden sich zauberhafte Orte mit pastellfarbigen Häuschen, gemütlichen Pubs und hübschen Restaurants. Touristisch erschlossen ist jeweils nur ein Teil der Inseln. Auf Tortola ist dies der Norden mit den schönsten Stränden der Insel, wie etwa der besonders reizvollen **Smuggler's Cove** bei West End.

Die Insel Virgin Gorda, die noch ruhiger als die Haupt-

insel Tortola ist, besitzt eine Naturattraktion: **the Baths**. Die südlich des Hauptortes **Spanish Town** gelegenen „Bäder" ziehen nicht nur die Besucher, sondern auch die wenigen Einheimischen an. Die Bäder stellen ein Labyrinth aus versteckten Buchten dar, die von Felsen und Höhlen geweckt werden.

Segler sollten sich ein Boot mieten und von Tortola aus den malerischen Sir Francis Drake Channel entlanggleiten. Dies ist wohl die schönste und beliebteste Segelstrecke zwischen den Jungferninseln. Hier hat man Zufahrt zu vielen weiteren kleinen Inseln und Inselchen. Sie sind teilweise unbewohnt und tragen klingende Namen, die an ihre Vergangenheit als Pirateninseln erinnern: **Ginger**-, **Salt**- und **Norman Island** mit seinem Treasure-Point.

Hispaniola

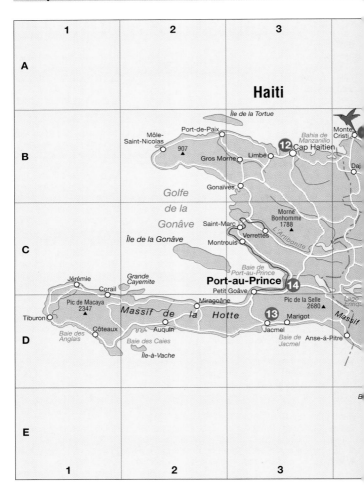

Haiti

(Map labels)

Île de la Tortue
Port-de-Paix
Môle-Saint-Nicolas
907
Gros Morne
Limbé
12 Cap Haitien
Monte Cristi
Bahia de Manzanillo
Daj
Gonaïves

Golfe de la Gonâve

Morne Bonhomme 1788
Saint-Marc
Verrettes
L'Artibonite

Île de la Gonâve
Montrouis

Baie de Port-au-Prince
Port-au-Prince **14**

Jérémie
Grande Cayemite
Corail
Petit Goâve
Miragoâne
Pic de la Selle 2680
Lago Enriqu
Massif

Pic de Macaya 2347
Massif de la Hotte
13 Marigot

Tiburon
Côteaux
Aquin
Jacmel
Baie de Jacmel
Anse-á-Pitre

Baie des Anglais
Baie des Caies
Île-à-Vache

B

Dominikanische Republik

Karibisches Meer

Hispaniola

Am Strand von Boca Chica

Auf Hispaniola nahm die Entdeckung Amerikas ihren Anfang. Ende 1492 landete **Christoph Kolumbus** an der Küste des heutigen Haiti. Wer Südandalusien kennt, der versteht, warum Kolumbus die Insel beim Anblick ihrer Nordküste „Hispaniola" taufte. Die Ähnlichkeit ist unwiderlegbar vorhanden.

Die Schönheit dieser Küste fasziniert die Besucher seit fünf Jahrhunderten, und immer mehr Leute genießen heute die endlos langen, weißen Sandstrände, lieben die kleinen, romantischen Buchten, tauchen an den Korallenriffen der **Bernsteinküste** der Dominikanischen Republik, staunen über Zuckerrohr-, Kakao-, Kaffee- und Tabakplantagen. Dies alles scheint es hier im Überfluß zu geben.

Boca Chica   **1**

An der Südküste gelegen, ca. 32 km östlich von Santo Domingo.

Boca Chica, einer der beliebtesten **Badeorte** der Republik, liegt an der sich östlich von Santo Domingo erstreckenden **„karibischen Küste"**. Herrlich ruhiges, türkisblaues Meer, traumhafte weiße Sandstrände, tiefblauer Himmel, grüne, im sanften Wind wogende Palmen – und ein riesiger Ansturm von **Sonnenanbetern** und **Wasserratten**. Folglich gibt es hier auch Trubel, viel Musik und Tanz, viel Sport, Sonne und Strandleben. An der Hauptstraße reihen sich Hotels, Restaurants, Bars und Diskotheken aneinander. Es gibt tausenderlei Geschäfte, zahlreiche fliegende Händler, die ihre vielfältigen Waren anbieten – für Ruhebedürftige ist Boca Chica sicherlich der falsche Ort.

12 km westlich liegt der kleine Ort **La Caleta,** der ein sehr sehenswertes Museum besitzt: das **Museoanteón**. Hier sind Taino-Grabstätten zu besichtigen, u.a. die eines Häuptlings und seiner Frau, die lebendig mit ihm bestattet wurde (Di - Sa von 10 - 17 Uhr).

Für Taucher gibt es in La Caleta eine besondere Attraktion: Außerhalb des Hafens versenkte man ein **Schiffswrack**, um den **Parque Submarino** mit einem künstlichen Riff auszustatten. Korallen haben das Wrack teilweise überzogen, und farbenprächtige Fische schwimmen in Massen um die „Korallenbank" herum. Da das Wrack nicht allzu tief liegt, kann man noch gut fotografieren. Interessierte werden mit Booten übergesetzt. Nähere Informationen sind am Strand erhältlich.

Im Norden des Landes, ca. 5 km westlich von Puerto Plata beginnend, erstreckt sie sich etwa 50 km in östliche Richtung.

Die Nordküste, der **Atlantik**, bietet ein etwas anderes Bild als die „karibische Seite": Hier ist es rauher und windiger, die Wellen sind höher, und die Strömung ist stärker. Für den Besucher sind die kühleren Winde oft angenehm. Sie schwächen die tropische Schwüle etwas ab.

Die Küste ist nach den zahlreichen **Bernsteinfunden** benannt, die in dieser Region gemacht werden. Die Steine, die oft Fossilien umschließen, sind ein sehr beliebtes Souvenir.

Hier beginnt die größte Fremdenverkehrsregion des Landes. Sie beinhaltet den Küstenstreifen, der sich über eine Länge von etwa 50 km östlich bis in die Höhe von **Cabarete** zieht und an dem sich ein Hotel an das andere reiht. Cabarete, die „Hauptstadt des Windsurfings", wie die Fans den recht modernen, aber sehr kleinen Ort nennen, hat sich seinen Beinamen durch die exzellenten Surfbedingungen zu Recht verdient. Vor allem in den Sommermonaten ist nachmittags der starke Wind ideal für Könner; die hohen Wellen sind beeindruckend. Cabarete ist im Juni Austragungsort internationaler **Windsurf-Meisterschaften**. Tausende bunter Segel hüpfen auf den Wellen auf und ab. In dieser Zeit herrscht ein lebhaftes Treiben.

Das **Luci Mar**, direkt am Strand gelegen, ist schon nachmittags gern besucht, denn die Happy Hour dauert von 16 - 19 Uhr. Wer allerdings in der Dämmerung hier essen will, sollte unbedingt auf Mückenschutz achten!

Im Landesinneren, ca. 24 km südlich von La Vega gelegen.

Wer Erholung in den Bergen sucht, für den ist Jarabacoa der ideale Aufenthaltsort. Ganzjährig frühlingshafte Temperaturen, erheblich geringere Luftfeuchtigkeit als in Küstennähe und eine traumhafte Landschaft bieten sich hier dem Besucher. Am spektakulärsten sind die **Wasserfälle** der Umgebung, allen voran „El Salto de Jimenoa" (Informationen sind erhältlich im Hotel „Alpes Dominicanos", südlich des Ortes) und „El Salto de Bayagate" (Informationen: Hotel Pinar Dorado, etwas außerhalb Richtung Constanza). Um die Wasserfälle zu erreichen, muß man allerdings einen Fußmarsch einkalkulieren. Am Ziel angekommen, wird der Besu-

Cabarete Beach: ein Paradies für Windsurfer

cher mit einem grandiosen Blick auf die majestätische Landschaft und einem herrlich erfrischenden Bad im Naturschwimmbecken unterhalb der Fälle belohnt.

Der Zusammenfluß des **Rio Yaque del Norte** und des **Rio Jimenoa** ist ebenfalls einen Besuch wert. Sie vereinigen sich unter Getöse in einer Art See, dem „Balneario de la Confluencia", ein sehr beliebtes Ausflugs- und Badeziel der Einheimischen mit zahlreichen Imbißbuden an den Ufern. In der Regenzeit verwandeln sich die Gewässer leider in gelbliche bis erdbraune Wassermassen, die nicht unbedingt zum Baden einladen.

Fantasievolle und auf unterschiedlich-

ste Art zubereitete Geflügelgerichte werden im **Jarabacoa Deli-Bar-B-Q** (Car. Independecia am Ortseingang) serviert. Hier sollte man unbedingt einkehren.

La Isabela 4

ℹ️ Im Norden an der Strecke zwischen Luperón und Villa Isabel, ca. 20 km westlich von Luperón gelegen.

La Isabela, benannt nach der spanischen Königin Isabella von Kastilien, wurde am 10. 12. 1493 von **Kolumbus** gegründet, fast genau ein Jahr nach dem Bau des Palisadendorfes La Navidad (im heutigen Haiti). Dieses wurde bereits Wochen nach seiner Errichtung von den Tainos vollständig zerstört.

Die Ruinen der ältesten Stadt Amerikas üben eine große Anziehungskraft auf Touristen aus. Man sollte aber nicht zuviel von der Anlage erwarten. Es lassen sich zwei Bereiche unterscheiden: der militärische mit dem **Castillo**, das die Stelle des ersten Steinbaues markiert, und der Wohnbereich für die Zivilbevölkerung, damals nur provisorisch aus unbeständigem Material errichtet. Im Castillo erkennt man an den etwa 70 cm hoch aufragenden Mauerresten das Wohnhaus von Kolumbus, das zum Teil ins Meer abgestürzt ist, und die mageren Überbleibsel der Kirche, in der am 6. Januar 1494 die **erste Messe** in der Neuen Welt gelesen wurde.

Bereits vier Jahre nach ihrer Errichtung wurde die Stadt La Isabela aufgegeben: Aufstände, Hungersnöte und Seuchen forderten zu viele Opfer. Ihre Gräber wurden entdeckt, als man mehr oder weniger zufällig auf das Skelett eines spanischen Soldaten stieß. Dieser erste christliche Friedhof ist heute durch Holzkreuze hinter den Ruinen der Kirche markiert. Knapp einen Kilometer oberhalb der Ausgrabungsstätte wurde vor kurzem die Kirche **„Templo de Las Americas"** errichtet, eine **Gedächtniskirche**, die jedoch erst ein Jahr nach der 500-Jahrfeier fertiggestellt werden konnte.

Badeplatz am Wasserfall

La Romana 5

An der Südküste, ca. 39 km östlich von San Pedro de Macoris gelegen (C 4).

La Romana verdankt seinen Namen angeblich dem Fund einer römischen Waage, die früher am Hafen zum Abwiegen des Hauptwirtschaftsgutes Zucker diente. **Zuckerrohrfelder** sieht man noch heute überall in der Umgebung der Stadt, auch wenn die Produktion aufgrund der stark gefallenen Preise längst ihre einstige Rolle verloren hat. Man stürzte sich auf einen völlig neuen Wirtschaftszweig, der gerade aus den Kinderschuhen schlüpfte: den Fremdenverkehr. Was La Romana selbst nicht an Sehenswürdigkeiten besaß, wurde geschaffen: Eines der besten Beispiele ist die riesige Hotelanlage „Casa de Campo", die luxuriöseste des Landes, mit eigenem Hafen, Polofeld, Golfplatz, Schwimmbädern, Reitstall und einem Schießstand für Tontauben. Ein noch besseres Beispiel für den „Aufbau" touristischer Attraktionen ist das unbedingt sehenswerte Altos de Chavon in der Av. Liberdad, das auf einem Felsen über der Stadt liegt. **Altos de Chavon**, Ende der 70er Jahre errichtet, ist der bis ins Detail getreue Nachbau eines mittelalterlichen italienischen Dorfes des 16. Jhs. Für die einen eine architektonische Meisterleistung, wirkt es für die anderen eher kitschig. Zu dem Dorf, das gänzlich aus Stein gebaut ist, gehören ein hübscher **Brunnen**, eine **romanische Kirche**, ein kleines Museum, das Kunstwerke aus vorspanischer Zeit zeigt, sowie ein etwa 5.000 Zuschauer fassendes **Amphitheater**, in dem berühmte Künstler Konzerte geben (den Anfang machten übrigens 1982 Frank Sinatra und Carlos Santana). Außerdem werden 30 Häuser als Künstlerwerkstätten genutzt.

Eine Disco mit „Künstlertouch" hat Altos de Chavon zu bieten: das **Genesis**. Hier sollte man einmal die Nacht zum Tag machen.

Unbedingt lohnenswert ist ein Ausflug zur **Isla Saona** (Schiffsverbindung von Bayahibe und La Romana). Inselausflüge werden von den Hotels or-

Wasserspeiende Fische

ganisiert, die auch die Zutrittsgenehmigungen für den Parque National del Este besorgen, zu dem die Insel gehört. Das gesamte Gebiet steht unter **Naturschutz**. Die etwa 1.000 Bewohner der Insel haben die 120 km² Paradies für sich gepachtet. Die einzigen Fischerdörfer der Insel, **Adamanay** und **Punta Gorda**, erreicht man nur per Boot von Bayahibe aus. Um die Dörfer herum sind die Strände noch menschenleer, während am Hauptstrand, wo die Schnellboote anlegen, rege Betriebsamkeit herrscht. Kleine Läden, Buden und Stände findet man überall.

Musikgruppen spielen, und es wird gern gepicknickt.

 Ungefähr vier Kilometer westlich von Bayahibe in Richtung La Romana liegt das Restaurant **„Amazonas"**. Seinem Namen entsprechend, hat man hier einen kleinen Zoo eingerichtet mit kreischenden **Papageien**, schnatternden **Affen** und fauchenden **Wildkatzen**.

Monte Cristi   6

Im äußersten Nordwesten des Landes, nahe der haitianischen Grenze an der A1 gelegener Ort.

Monte Cristi scheint bis heute unter sengender Sonne und einem Hauch von Nostalgie vor sich hinzudösen, nur am Wochenende erwacht die Stadt zum Leben. Die vielen **viktorianischen Häuschen** aus dem 19. Jh. haben dennoch ihren Charme bis heute erhalten können, auch wenn der Putz ein wenig blättert. Zu ihnen gehört das Haus von **Maximo Gomez**, des hiesigen Nationalhelden, das in ein Museum verwandelt wurde und einen schönen Einblick in das Leben einer dominikanischen Familie des 19. Jh.s gewährt (Av.

Die Dorfkirche von Altos de Charon

Heimkehr vom Fischfang

Mella 29, tgl. von 8 - 12 und 14.30 - 17 Uhr geöffnet). Auch der Justizpalast (Av. Duarte/ Calle Federico José Garcia), ein Holzhaus im Kolonialstil, ist einen Abstecher wert. Gegenüber befindet sich der Eingang zum **Parque El Reloj**, der seinen Namen von der hier ausgestellten französischen Uhr hat, die die Stadtbewohner 1895 in Frankreich gekauft haben.

Ein Ausflug mit einem Fischer zur Lagune **Los Canos** ist überaus lohnenswert: Sie besteht aus einem Labyrinth von Kanälen und Kanälchen, ein Paradies für Vögel und Ornithologen.

35 km südlich liegt der Ort **Dajabón** an der haitianischen Grenze. Der Grenzübergang ist hier die Attraktion (gültiger Reisepaß und 10 US $ für die Wiederausreise sind notwendig). Nach 15 Minuten Fußmarsch erreicht man **Quanaminthe**, den Grenzort auf der haitianischen Seite, und gleichzeitig gelangt man nach Afrika. Tiefschwarze Hautfarbe, grellbunte Stoffe, Kinder, die durch die staubigen Straßen mit ihren farbenfrohen Häusern toben – dies sind die ersten, spontanen Eindrücke, die die Besucher erwarten. Marktgeschrei und Lachen sind überall zu hören, die unglaublich günstigen Preise für die Waren werden auf kreolisch lautstark diskutiert, handeln ist angesagt!

Puerto Plata   7

Im Norden des Landes an der Bernsteinküste gelegen, gute Straßenverbindungen.

Aufgrund der traumhaft schönen Strände der Umgebung, wie zum Beispiel der Playa Dorada, wurde Puerto Plata zum Hauptanziehungspunkt des dominikanischen Nordens. Viele der alten Stadtpaläste und komfortablen Bürgerhäuser im viktorianischen und Kolonialstil sind bis heute erhalten und teilweise sehr schön restauriert. Doch den eigentlichen Charme der Stadt macht die Atmosphäre auf den Straßen aus: Faszinierend sind die vielfältigen Farben und das brodelnde Leben rund um den **Parque Central** (Calle Beller/de la Separación).

In seiner unmittelbaren Umgebung liegen zahlreiche kleine Restaurants, Cafés, Bars und Geschäfte mit verschiedenstem Warenangebot. Fliegende Händler preisen Souvenirs

Obstverkäufer bei Quanaminthe

und Schuhputzer ihre Dienste an.

Südlich des Parks liegt die Kirche **San Felipe**, das einzige im Art-déco-Stil errichtete Gebäude.

Im Fort von Puerto Plata

Ein paar Gehminuten entfernt erreicht man das **Museo del Ambar Dominicano** (Calle Duarte und Prud'homme). Es besitzt eine ausgezeichnete **Bernsteinsamm-lung**, deren Stücke teilweise einige Millionen Jahre alt sind (geöffnet tgl. von 9 - 18, Sa/So bis 17 Uhr).

Das kleine **Museo del arte taino** (Calle Beller No. 22, Plaza Arawak) zeigt neben Keramiken und anderen Kunstgegenständen der **Taino-Epoche** auch zeitgenössische einheimische Kunstwerke (tgl. außer montags von 9 - 12 und 14 - 18 Uhr).

Am Ende des vier Kilometer langen **Malecón**, des abendlichen Treffpunkts der Einheimischen, befindet sich das **Fort San Felipe de Puerto Plata**, das einzig erhalten gebliebene Monument aus der frühen Kolonialzeit. In seinem Inneren kann man ein kleines Militärmuseum und die Zelle des Freiheitskämpfers **Juan Pablo Duarte** besichtigen. An der Spitze des Landvorsprungs steht der etwa 24 Meter hohe eiserne Leuchtturm, der 1879 aus England hierher gebracht und aufgestellt wurde.

Vom **Pico Isabel de Torres** aus, einem etwa 800 Meter hohen Berg, gekrönt von einer 16 m hohen Christusstatue, bietet sich ein herrlicher Blick. Der Berg liegt etwas westlich von Puerto Plata. Der Weg zur **Seilbahn** (teleférico), der einzigen der ganzen Karibik, ist gut ausgeschildert.

Das **„Orion"** an der Calle Kennedy ist die In-Disco Puerto Platas, ein guter Treffpunkt zum Flirt zwischen Einheimischen und Touristen bei **Salsa** und **Merengue** Musik.

Am Strand von Samaná

Samaná 8

 Nordöstlichster Ausläufer der Insel.

Die **Halbinsel** Samaná ist das beliebteste Reiseziel im Nordosten. Sie wird in ihrer ganzen Länge von der gleichnamigen **Sierra** durchzogen, die sich an der Küste oft steil ins Meer stürzt. Die Halbinsel ist wegen des harmonischen Zusammenspiels von **Bergen**, **Strand** und **Ortschaften**, die gemeinsam ein malerisches und abwechslungsreiches Landschaftsbild zeichnen, für viele die schönste Region der Dominikanischen Republik.

Einer ihrer interessantesten Orte ist **Las Terrenas**, den man nach einer wenn auch schwierigen Fahrt durch eine großartige Landschaft erreicht. Westlich und östlich von **Las Terrenas** und **El Portillo** danken herrliche Strände den Umweg. Das glasklare Wasser lädt zum **Tauchen** und **Tiefseefischen** ein (Auskünfte sind in den Hotels erhältlich). Bei einem Spaziergang am Strand von Las Terrenas gelangt man zu einem alten Fischerdorf, das aus vielen kleinen Holzhäuschen besteht, in denen alles verkauft wird, was das Touristenherz begehrt.

Von Samaná aus, dem Hauptort der Halbinsel, erreicht man per Schiff **Cayo Levantado**. Die kleine Insel, auch „Bacardi-Island" genannt, da Bacardi hier seine Werbespots drehte, ist ein zauberhaftes Attribut zur ohnehin faszinierenden Schönheit des Landes. Die herrlichen Strände rund um die Insel, gesäumt von dicht stehenden Kokospalmen und klarem Wasser, sind ein wahres Paradies.

Der „In-Treff" der Einheimischen ist das **El Mambo**: Hier erlebt man **karibischen Jazz** mit etwas Blues in **afrikanischer Atmosphäre**.

COLIBRI GEHEIMTIP

Westlich von Las Terrenas liegt der Strand **El Cozón** gegenüber der **Cayo Ballena** (Walklippe). Hier kann man oft von November bis März das Spiel der **Buckelwale** beobachten, die den arktischen Gewässern entflohen sind, um in wärmeren Gegenden ihre Jungen zur Welt zu bringen. (B6)

Santiago de los Caballeros 9

ℹ Im Landesinneren an der C1 Santo Domingo – Monte Cristi gelegen.

Santiago, 1504 gegründet, ist neben Santo Domingo die bedeutendste und für manche auch die schönste Stadt der Republik. **Tabak** und **Rum** machten sie reich, was sich einerseits in den gut erhaltenen Häusern im viktorianischen Kolonialstil und andererseits im mondänen, erst in den frühen Morgenstunden endenden Nachtleben widerspiegelt.

Eines der schönsten Bauwerke der Stadt ist die Kathedrale **de Santiago Apostól**, Ende des 19. Jh.s in einer Mischung aus gotischem und neoklassizistischem Baustil errichtet. Bewundernswert sind in ihrem Inneren die herrlichen Glasfenster des Künstlers **Rincon Mora** und der schöne, mit Blattgold gedeckte Mahagoni-Altar. Außerdem befindet sich hier das Grab des Diktators Ulisses Heureux – in unmittelbarer Nachbarschaft von den Gräbern berühmter Freiheitskämpfer. Die Kathedrale erhebt sich direkt am **Parque Duarte**, dem Herzen der Stadt. Hier kann man im Schatten der Bäume sitzen und das Treiben beobachten, in der Fußgängerzone flanieren oder in einer der zahllosen Bars einen Rum-Cocktail genießen.

🖼 Man kann das am Südende des Parque Duarte gelegene **Tabakmuseum** besuchen, das über Geschichte, Entwicklung, Verarbeitung und wirtschaftliche Bedeutung der braunen Blätter informiert (Di - Sa von 9 - 12 und 15 - 18 Uhr).

An der Nordseite des Parque Duarte liegt der **Palacio Consistorial**, einer der schönsten viktorianischen Bauten. Im 19. Jh. errichtet, diente er erst als Rathaus und beherbergt heute das Stadtmuseum, das die Geschichte Santiagos sehr anschaulich dokumentiert (Di - Fr 9 - 12 und 14 - 17.30 Uhr, Sa 10 - 14 Uhr). Am Ende der **Calle del Sol** steht **El Monumento** (a los Heroes de la Restauracion de la Republica). Der Anblick des Gebäudes löst unterschiedliche Reaktionen aus. Die einen sind von dem 67 Meter hohen, wuchtigen und von einer Säule gezierten Marmorgebäude begeistert, die anderen entsetzt. Unbedingt lohnenswert ist der Blick des Aussichtsplattform oben in der Säule hinunter auf die Stadt.

🖼 Kunstinteressierte sollten auf jeden Fall die erst 1985 gegründete **Casa del Arte** (Calle Benito Monción 46) besuchen. Hier sind die verschiedensten Ateliers, kleine Galerien und Ausstellungen zu

Zigarren werden per Hand gerollt

Koloniales Erbe in Santo Domingo

besichtigen, außerdem kann man an **Theater**- und **Musikveranstaltungen** teilnehmen.

Im „**Caldero Feliz**" (Calle San Luiz/Beller, nur mittags geöffnet) verbringen die Arbeiter der Umgebung ihre Mittagspause. Hier kann man die **einheimische Küche**, wie sie in den Familien zubereitet wird, zu sehr günstigen Preisen probieren.

Santo Domingo 10

An der Südküste gelegen, Knotenpunkt der Highways nach Haiti, Higüey, Santiago und Monte Cristi. Internationaler Flughafen de las Americas.

In der 2,5 Mio. Metropole Santo Domingo pulsiert das Herz der Karibik-Insel. Befreit man sich vom tosenden Verkehrslärm, so entdeckt man den Charme dieser brodelnden Stadt mit ihren ungeheuren Kontrasten. **Marmorpaläste** und einfache Viertel wechseln sich ab, und über allem liegt, trotz des modernen Großstadtbetriebs, noch der Hauch der **Kolonialzeit**. Die Luft ist erfüllt vom schweren Duft der Tropen, von Musik, von Geschrei, von Lachen, von ungeheuerer Lebensfreude und von jenem eigenartigen Rhythmus, der so typisch ist und den man nicht beschreiben, sondern nur erleben kann.

Der größte Teil der Sehenswürdigkeiten ist im alten Kolonialviertel an der Mündung des **Rio Ozama** zu finden. Das Viertel umfaßt nur etwa einen km², ist also gut zu Fuß zu besichtigen. Die **Altstadt** wurde in Vorbereitung der 500-Jahrfeier mit sehr viel Liebe restauriert und seither in ihrer Gesamtheit als **UNESCO**-**Kulturdenkmal** deklariert. Ein Stadtbummel führt zur Festung **Fortaleza Ozama** aus dem 16. Jh. (tgl. 8.30 - 17 Uhr geöffnet), die sich am gleichnamigen Fluß entlangzieht, und folgt dann der Calle de las Damas zur Casa Rodrigo de Bastidas (1502). Dieses Herrenhaus, das einen zauberhaften, erholsam kühlen **Patio** umgibt, beherbergt zwei kleine **Kunstgalerien**. Ein Stück weiter liegt an der Ecke Av. General Luperon der **Panteón Nacional**, ein neoklassizistischer Bau aus dem 18. Jh., ihm schräg gegenüber die Capilla de Nuestra Senora de los Remedios, ein sehr schöner Bau aus dem 16. Jh. mit dreigeschossigem

Hispaniola

Kolumbus-Denkmal vor der Kathedrale

Turm und gotischen Spitz-bögen. Sehenswert ist die **Sonnenuhr** (1753) an der Seite der Kapelle. Unweit davon, Calle de las Damas Ecke Las Mercedes, liegt das interessante Museo de las Casas Reales, das in zwei ehemaligen Palästen (um 1520) untergebracht ist, die seinerzeit die kö-nigliche Schatzkammer und den Justizpalast be-herbergten. Die Calle de las Damas mündet in die Gran Plaza de las Armas. Von hier hat man einen herrlichen Blick auf den Rio Ozama und auf den auf der gegenüberliegenden Seite angesiedelten wuchtigen **Faro de Colón**, der eben-falls anläßlich der 500-Jahrfeier errichtet wurde.

Über die Calle de las Da-mas gelangt man außer-dem zum **Alcazar de Co-lon**, idyllisch gelegen und im Mudejar-Stil errichtet, einer im 15. / 16. Jh. in Spanien üblichen Mi-schung aus arabischen und europäisch gotischen Stilelementen. Südlich er-reicht man die Calle Ho-stos, eine der schönsten Straßen der Stadt, beson-ders charmant im verzau-bernden Licht der unterge-henden Sonne. Weiter geht es über die Calle el Conde zum Herzen der Altstadt, dem **Parque Colón**, in des-sen Mitte sich die 1887 aufgerichtete Kolumbus-statue erhebt. Ihr zu Füs-sen wimmelt es von Sou-venirständen, Schuhput-zern und Getränkewagen.

Beeindruckende Gebäude umrahmen den Platz: die Kathedrale **Santa Maria La Menor**, deren Grund-stein 1514 gelegt und die 1546 von Papst Paul II. der Titel „Erste Kathedrale In-diens" verliehen wurde, der Borgella-Palast, heute Banksitz, das ehemalige Rathaus und die erz-bischöfliche Residenz. Un-weit der Kathedrale befin-det sich das **Museo del Ambar**, das Bernsteinmu-seum. Über die Calle el Conde, Hauptgeschäfts-straße und Fußgängerzo-ne, kommt man wieder zur Calle las Damas am Fort.

Wer noch Zeit hat, sollte in den vielen kleinen **Kunstgalerien** der Stadt herumbummeln, die oft an hübschen Plätzchen liegen.

Man sollte einmal abends den **Malecón** entlang-schlendern, die Küstenpro-menade Santo Domingos, die sich nachts an der „Playa" zur „Open-Air-Dis-co" verwandelt. Im Febru-ar, Juli und August geht es hier besonders heiß her: Bei mitreißenden kreoli-schen Rhythmen und afri-kanischen Trommelklän-gen wird **Karneval** gefeiert.

Naturbegeisterte sollten einen Ausflug zu den **„Tres Ojos"** ma-chen (am östlichen Ende des Parque Mirador del Este; tgl. 8 - 17 Uhr geöff-net). Die Tropfsteinhöhle, deren Name von den drei **unterirdischen Seen** stammt, die überraschen-derweise nicht mit gleich-artigem Wasser gefüllt sind, sondern Salz-, Süß-oder schwefelhaltiges Wasser beinhalten, beein-druckt durch die Verschiedenartigkeit der Gesteins-formationen.

Tanzen in **Grotten** zwischen Stalagmiten und Stalaktiten kann man im **Guacara Taina** (Av. Romulo Betancourt 165, Höhe Parque Mirador del Sur).

Eine kleine Mahlzeit oder einen Aperitif kann man in ungezwungener Atmosphäre unter Künstlern und Intellektuellen im **Meson d'Bari** (Calle Hostos/Salomé d'Urena) zu sich nehmen.

Eine **Musik-Kneipe** ersten Ranges ist das **Bachata Rosa** an der Calle la Ataranzana Nr. 9. Hier kann man, da sie in einer ehemaligen Galerie untergebracht ist, einen „Spaziergang durch Geschichte und Kultur der Karibik" machen.

Sosúa   11

An der Nordküste (A5 Puerto Plata – Rio San Juan), ca. 25 km östlich von Puerto Plata gelegen.

Sosúa erreicht man von Puerto Plata aus nach etwa 25 km Fahrt quer durch die Zuckerrohrfelder. Diese Stadt ist touristisch stark frequentiert und überall liegt herrliche Musik in der Luft.

Der hintere Teil des Strandes ist über seine gesamte Länge ein einziger **Souvenir-Markt**, auf dem gehandelt werden muß.

Tatsächlich besteht Sosúa eigentlich aus zwei Orten: **El Batey**, dem Fremdenverkehrsort, und auf der anderen Seite der Bucht **Los Charamicos**, das sich, wenn auch mit etwas Mühe, noch das ursprüngliche Flair eines dominikanischen Ortes bewahrt hat. In El Batey sind die **Synagoge** und das sich neben-an befindende **jüdische Museum** (tgl. von 18 - 23 Uhr geöffnet) in der **Calle Alejo Martinez** interessant. Das Museum zeigt Ausstellungstücke, die das Leben der jüdischen Siedler dokumentieren: beginnend bei den Evian-Verträgen bis zur fortschreitenden Stadtentwicklung.

In Los Charamicos sollte man sich die kleine **Hahnenkampfarena** aus Holz ansehen. Sie erwacht Sa und Di von 12 - 18 Uhr zum Leben. Dann hört man im ganzen Viertel nur noch das aggressive, genervte Krähen der eingesperrten Hähne und die Schreie der anfeuernden Zuschauer.

Das **Morua Mai**, Calle Pedro Clisante 5, offeriert neben Paellas, Fisch- und Grillgerichten **Folklore-Veranstaltungen** und gelegentlich eine Modenschau. Und das alles findet unter einem luftigen Bambusdach statt (Tel. 5 71-25 03, geöffnet von 10 - 23 Uhr).

COLIBRI GEHEIMTIP

Das **Comedor Independ-ciá**, Los Charamicos, Calle E. Kunhardt, ist vielleicht das einfachste, aber sicherlich das beste Comedor der Stadt. Oft muß man eine ganze Zeit warten, um an einem der fünf Tische Platz nehmen zu können, und ab 22 Uhr ist die Küche meist schon leergegessen. (B5)

Zuckerrohr wird auf Ochsenkarren transportiert

Haiti, das 1804 als erste farbige Republik unabhängig wurde, litt in den letzten Jahrzehnten unter der Herrschaft einer Diktatur, die das Land wirtschaftlich stark zurückschlug. Der wichtigste Einkommenszweig ist die Landwirtschaft, in der ungefähr 65% der Bevölkerung, vorwiegend Kleinbauern, beschäftigt sind. In den Küstengebieten werden vor allem Reis, Zuckerrohr, Kakao, Mais und Bananen angebaut.

Cap Haitien   12

An der Nordküste, ca. 200 km nördlich von Port-au-Prince.

Das Kap ist ein Muß für jeden Haiti-Besucher. Unweit von hier strandete einst Kolumbus; das **Wrack** seines Schiffs **„Santa Maria"** liegt ganz in der Nähe. Cap Haitien selbst breitet sich inmitten herrlicher tropischer Vegetation zu Füßen sanfter Hügel aus. Wunderschön sind die alten Stadtviertel, herrlich die Strände, die mit Molen für Taucher ausgestattet sind.

Etwa 40 km entfernt liegen das **Palais Sans-Souci** und die Zitadelle. Beide sind sie dem Größenwahn Henry-Christophes zu verdanken, der eine unglaubliche Karriere vom Sklaven bis zum **König** Haitis gemacht hat. Die 200 Kanonen und die dazugehörigen Kugeln, die sein Königreich ewig erhalten sollten, sind

heute noch zu sehen. Von der **Zitadelle**, die in 875 m Höhe gelegen ist, bietet sich ein traumhaft schöner Blick.

Jacmel   13

An der Südküste, ca. 80 km südwestlich von Port-au-Prince gelegen.

Von Port-au-Prince aus erreicht man Jacmel nach einer großartigen Fahrt durch eine atemberaubende Landschaft. Die Bergstraße, erst vor wenigen Jahren neu ausgebaut, führt an einem bei den Haitianern ausgesprochen beliebten Urlaubsort vorbei: **Kenscoff**, das, hoch in den Bergen gelegen, Kühlung verspricht. Südlich davon kommt man dann nach Jacmel. Die alte Stadt zeigt noch einen Hauch des vergangenen Glanzes der Kolonialzeit. Sie besitzt immer noch alte Kolonialhäuser. Die kleinen Gassen laden zum Spaziergang ein.

Westlich und östlich von Jacmel erstrecken sich die schönsten, dafür aber auch die belebtesten Strände Haitis, allen voran der **Congo Beach**. Weitere Gebiete mit Traumstränden sind die Gonave Bay, Petit-Goave und Les Cayes.

Port-au-Prince   14

Hauptstadt Haitis, an der Westküste gelegen. Office de Tourisme:

Ave. Marie Jeanne, Tel. 22 30 76 und 22 17 29.

Die lebendige Hauptstadt scheint fast rund um die Uhr zu vibrieren und strahlt dabei einen unglaublichen Charme aus. Alte Fassaden, bunt gestrichene Häuser, farbige Kirchen wie die **Nôtre Dame** oder die **Sainte-Trinité** erfreuen den Besucher.

Einen Besuch sollte man auch dem **Eisenmarkt** abstatten, eine als Eisenkonstruktion errichtete Marktanlage mit vier arabischen Minaretten. In den überdachten Marktgassen findet sich alles, von Kunst (Malerei und Schnitzerei) über Stoffe und Lebensmittel bis zu Haushaltswaren. Dazu gibt es **kreolische Musik**, naive Malerei und Hahnenkämpfe.

Riesig ist die **Esplanade**, die Schlagader der Stadt, mit dem Präsidentenpalast (Palais National) und der Statue des „unbekannten Sklaven", der zum Sklavenaufstand aufruft – Symbol von Haitis Unabhängigkeit.

Keinesfalls verpassen sollte man zwei Museen: das **Kunstmuseum**, Centre d'art, hinter dem Palais National mit Bildern der berühmtesten Maler der Insel, und ganz in der Nähe das **Museum Defly**, das einen Eindruck vom Leben der reichen Haitianer vermittelt (beide tgl. 9 - 17 Uhr geöffnet).

Geschichte

3. Jahrtausend vor Christus
Erste Besiedelungen der Antillen durch die Arawak - Indianer, die aus Südamerika stammen. Zu ihnen gehören mehrere Stämme, die auf den Inseln Spuren ihrer Kultur hinterließen. Zu den Arawaks zählen auch die Tainos auf Kuba, Jamaika und Hispaniola.

1000–1200
Die ebenfalls aus Südamerika kommenden kriegerischen Karaiben übernehmen die Herrschaft auf den Inseln und verleihen ihnen den Namen.

1492
Christoph Kolumbus landet nach einer Meuterei an der Küste San Salvadors im Oktober in Kuba, das er Juana nennt. Schließlich erreicht er, kurz vor Weihnachten, erstmalig das heutige Haiti. Hier gründet er die erste Siedlung der Neuen Welt: das Palisadendorf La Navidad.

1493
Kolumbus kehrt nach Hispaniola zurück und erklärt die Insel im Namen des Königspaares zur ersten spanischen Kolonie.

1498
Im Laufe einer dritten Reise werden Grenada und Trinidad entdeckt und eine Revolte auf Hispaniola niedergeschlagen. Kolumbus wird nach Spanien zurückbeordert.

1502
Die vierte und letzte Expedition endet wenig erfolgreich. Nach einer Fahrt entlang der mittelamerikanischen Küste strandet die Flotte in Jamaika.

1506
Kolumbus stirbt allein und verbittert in Spanien. Zur gleichen Zeit beginnt die konsequente Kolonisation der Karibik, in deren Verlauf die Indianer durch Hunger, Versklavung und Masernepidemien nahezu ausgerottet wurden.

1520
Diego Velázquez wird Gouverneur von Kuba, Ponce de Leon von Puerto Rico, der Sohn von Kolumbus erhält das Amt auf Hispaniola. Das rasche Sterben der Indianer zwingt zum Kauf afrikanischer Sklaven. Kurz darauf werden mexikanische Goldvorkommen entdeckt, viele der Kolonisten wandern nach Mexiko aus.

16. Jh.
Die Hoffnung auf Gold und schnellen Reichtum zieht nicht nur andere europäische Nationen an, sondern auch Piraten. Gemeinsam ist ihnen die Ignorierung der von Spanien proklamierten Alleinherrschaft. Korsaren, Freibeuter wie Francis Drake handeln im Auftrag anderer Königshäuser; jeder spanische Hafen wird angegriffen, die Fahrt der gold- und schmuckbeladenen spanischen Fregatten wird zum lebensgefährlichen Abenteuer - ein Dauerkrieg beginnt, der bis ins 18. Jh. andauert.

1622
Ein neuer Reichtum wird entdeckt: Tabak. Der Engländer Thomas Warner legt in St. Christophe auf Saint Kitts die erste Tabakplantage an. England, damals im Krieg gegen Spanien, wird sich der Vorteile des Tabakanbaus schnell bewußt. Der Graf von Carlisle wird mit der Kolonisierung von Saint Kitts, Nevis, Monserrat und Barbados beauftragt.

1635   Die französische Kompanie des Isles d'Amerique wird von Kardinal Richelieu geschaffen. Durch sie werden zuerst Guadeloupe, später Martinique, Saint Lucia, die Grenadinen und Grenada kolonisiert. Die Situation der Kolonisten war schwierig, sie mußten gegen Spanier, Engländer und Indianer sowie gegen klimatische Bedingungen kämpfen und zusätzlich noch den größten Teil der Ernte an das Festland schicken. Von der Unzufriedenheit der englischen und französischen Kolonisten profitierten die Holländer, die bei jeder sich bietenden Gelegenheit eine Insel in Besitz nahmen - zuerst Aruba, Bonaire und Curacao, später Saba, Sint Maarten und Sint Eustatius. Mit den Holländern kommt neuer Reichtum: das „weiße Gold", der Zucker.

17.–19. Jh.   Die meisten der Inseln wechseln mehrfach den Besitzer. 1655 wird Jamaika englisch; 1664 gründet Ludwig XIV. die Französische Westindische Kompanie mit dem Ziel, verlorene Inseln zurückzukaufen; 1678 bediente man sich dänischer Schiffe, um den strengen Zollvorschriften der diversen Nationen zu entgehen. In Konsequenz wurden die Jungferninseln St. John und St. Thomas dänisch. Aus dem permanenten Besitzerwechsel entwickelt sich eine Sprache, das Kreolische, mit englischen, spanischen und französischen Charakteristika.

1791   Erste Sklavenrevolte auf Hispaniola.

1795   Aufstände in St.Vincent.

1804   Die erste schwarze Republik der Welt wird ausgerufen: die Republik von Haiti.

1804–1873   Die französische Revolution mit der Proklamierung „Freiheit, Gleichheit, Brüderlichkeit" wirkt sich auch auf den Antillen aus. Die Stimmen der Gegner der Sklaverei werden mehr und lauter. 1833 verbietet England die Sklaverei, 1844 wird die Dominikanische Republik gegründet, 1848 untersagt Frankreich die Sklavenhaltung, 1863 Holland und 1873 schließlich Spanien.

1898   Die Spanier verlieren ihre letzte Bastion auf den Antillen: Puerto Rico wird amerikanisch.

1902   Ausbruch des Mont Pelée auf Martinique, der 30.000 Tote fordert und damit die größte Naturkatastrophe der Antillen ist.

1958   Die Britische Westindische Kompanie wird gegründet, unter der die ehemaligen britischen Kolonien zusammengefaßt sind.

1960–1970   Die meisten der britischen Inselkolonien erhalten ihre Unabhängigkeit: 1962 Jamaika und Trinidad, 1966 Barbados.

1981   Jamaika und der Rest der Welt trauern: am 11. Mai stirbt der 1945 geborene Superstar Bob Marley an Krebs.

Praktische Tips

Aktive Hilfe

Wer mit einem sicheren Gefühl auf die Reise gehen will, der sollte rechtzeitig vor dem Reiseantritt dafür sorgen, daß ihm im Notfall aktiv geholfen werden kann. Auch eine streßfreie Vorbereitung sorgt für gute Vorzeichen auf der Reise. Am besten eignet sich dazu bei Fernzielen ein Schutzbrief, wie ihn die D.A.S. sehr günstig anbietet. Der D.A.S. Sicherheitsbrief gilt weltweit und beinhaltet umfassende Leistungen rund um die versicherten Personen (Single- oder Familien-Sicherheitsbrief) und sämtliche benutzten Fahrzeuge. Ob Sie fernab der Heimat krank werden oder Ihnen dort Strafverfolgung droht, das Leihfahrzeug streikt oder Sie Ihre Reise abbrechen müssen: der Sicherheitsbrief ist ein wichtiger Reisebegleiter. Entscheidend ist auch, daß die Hilfe im Notfall aktiv, mit kompetenten Partnern rund um den Globus und rund um die Uhr erfolgt. Und: Im D.A.S. Sicherheitsbrief gibt es jetzt einen Notruf zum Nulltarif.

Adressen

Eine bestimmte Adresse nur nach der Hausnummer zu suchen, ist in großen Städten oft ein Abenteuer, da häufig unsystematisch numeriert wird. Folglich werden meist die Straßenecken (span. Esquina, esq.) oder die Querstraßen angegeben, zwischen denen die betreffende Adresse zu finden ist.

Anreise

Fast alle großen Fluggesellschaften bieten Flüge in die Karibik an. Besonders günstig sind die Verbindungen von Amsterdam, Brüssel, Paris und New York oder Miami. Anschlußflüge zu weiteren Inseln sollte man bereits in Europa buchen, da hier die Flüge oft billiger sind. Internationale und nationale Flughäfen gibt es auf fast allen Inseln, auch die Schiffsverbindungen sind gut. Bei Flügen von Insel zu Insel ist zu beachten, daß die zulässige Gepäckmenge wegen der geringen Kapazität oft auf 10 kg beschränkt ist. Übergepäck ist kostenpflichtig. Als Bürger der Bunderepublik, Österreichs oder der Schweiz braucht man, sofern die Dauer des Aufenthalts drei Monate nicht überschreitet, kein Visum. Der Paß (oder Personalausweis für die französischen, niederländischen oder britischen Antillen) muß jedoch noch mindestens sechs Monate gültig sein. Kinder sind in den Reisepaß eines Elternteils einzutragen. Oft ist der Kauf einer Tourist-Card (ca. 10-20 US $) notwendig, die man am Flughafen (eventuell schon im Reisebüro oder im Flugzeug kostenfrei) erhalten kann. Sie muß immer mitgeführt und bei Abreise wieder vorgelegt werden. Im allgemeinen sind auch bei der Ausreise wieder 10-20 US $ (keine Landeswährung!) pro Person zu bezahlen. Oft sind Charter-Fluggäste von dieser Regelung ausgenommen, jedoch sollte man sich vorher bei der Reiseleitung informieren.

Auto

Die Großen Antillen ohne Auto zu besichtigen, ist durchaus schwierig, es sei denn, man möchte nur gelegentlich Ausflüge unternehmen. Man kann vor Ort einen Wagen mieten. Die Preise sind im Vergleich zu Europa niedriger. Beim Fahren heißt es jedoch aufpassen! Hier hat jeder Vorfahrt; um Verkehrsregeln kümmern sich nur wenige. Besondere Vorsicht ist bei Nachtfahrten angebracht, da weder Straßen noch Fahrzeuge gut beleuchtet sind. Die Bezahlung des Mietwagens erfolgt am besten mit Kreditkarte. Dadurch umgeht man die Hinterlegung einer hohen Kaution, und außerdem ist man über die Kreditkarte nochmals versichert. Wichtig: Auf vielen Inseln muß man, um ein Auto mieten zu können, mindestens 25 Jahre alt sein und den Führerschein mindestens ein Jahr lang besitzen. Ein internationaler Führerschein ist nicht notwendig, oft muß man sich jedoch eine Driver's Licence kaufen. Während der Regenzeit (Juni - Oktober) ist ein Wagen mit Vierradantrieb dringend angebracht!

Bevölkerung

95 % der Bevölkerung der Antillen sind Mestizen. Die Hautfarbe dieser Kreolen variiert von fast weiß bis tiefschwarz. Weiße (Bekes), Asiaten, Orientalen und Indianer sind lediglich Minderheiten. Ca. 50 % der Bewohner der Großen Antillen sind jünger als 20 Jahre, was oft erhebliche soziale Probleme verursacht. Viele verlassen ihre Heimat, leben in den Vereinigten Staaten oder auf einer anderen Antillen-Insel.

Bus

Busverbindungen gibt es zwischen den größeren Städten oder Dörfern auf fast jeder Insel. Im allgemeinen sind sie relativ pünktlich, zuverlässig und bequem. Ergänzt wird das Angebot durch spezielle Touristik-Busse und Taxiunternehmen; Auskünfte sind bei den jeweiligen Fremdenverkehrsämtern oder im Hotel erhältlich. Kleinbusse ergänzen das Busnetz auf den Nebenstrecken. Man kann sie per Handzeichen anhalten, sie sind sehr preiswert, aber auch immer voll. Ähnliches gilt für die „Pick-ups", die Kleinlastwagen mit offener Ladefläche - eine Fahrt damit ist ein recht abenteuerliches Unternehmen.

Diplomatische Vertretung

Botschaften oder Konsulate der BRD gibt es in den meisten Hauptstädten der Inselstaaten (Adressen sind in den Touristenbüros erhältlich); gegebenenfalls sind die Nachbarstaaten zuständig. Um bei Verlust von Papieren größere Schwierigkeiten zu vermeiden, wird dringend empfohlen, diese vor der Reise zu fotokopieren.

Essen und Trinken

Das Nationalgetränk der Karibik ist der Rum. Gerne werden die köstlichen Longdrinks mit einem Schuß Rum verfeinert. Wer kennt ihn nicht, den berühmten „Pina Colada"? Rum ist auf den Märkten oft leichter zu finden als eine Flasche Wasser. Doch auch Bier wird häufig getrunken. Viele Inseln brauen ihre eigenen Marken. Wein ist dagegen teuer, da er importiert werden muß. Gourmets sind in der Karibik am richtigen Ort. Die auf den Inseln vorherrschende kreolische Küche ist eine Mischung aus europäischen und afrikanischen Gerichten. Auf den Großen Antillen gibt es eine karibische Version der Paella, oft „Locrio" genannt. Hier sind einige Zutaten, die vor Jahrhunderten nicht zu haben waren, gestrichen und durch heimische Produkte ersetzt worden. Ganz beliebt ist schwarz geschmortes Fleisch, Spanferkel oder Ziege, dazu gibt es überall „fritos verdes", gebratene grüne Kochbananen. Aus letzteren besteht auch das „Mangú", das zum täglichen Essen gehört und das soviel wie püriere Bananen bedeutet. An den Küsten gibt es Fisch und Schalentiere im Überfluß; oft werden sie mit Kokosnuß und anderen Früchten serviert. Berühmt sind die gefüllten Krebse der Atlantikküste. Anstelle von Brot gibt es oft in Öl fritierte Pfannkuchen oder Maniok-Fladen. Darüber hinaus kann man auch fast überall die internationale Küche genießen.

Fauna und Flora

In den Nationalparks kommen vor allem Papageien-Liebhaber auf ihre Kosten. Oft sind diese Vögel sogar Inselmaskottchen. Kolibris schwirren, Pelikane verblüffen durch ihre Fangkünste, Störche nisten in den Palmen. Von den Schlangen sind nur wenige Arten giftig; Krokodile sind auch nicht ganz ungefährlich. Im Meer sieht man oft Delphine und Tümmler springen. Haie gibt es nur wenige, und die Strände sind geschützt. Dennoch: Vorsicht ist angebracht, man sollte nie allein und nicht allzuweit ins Meer hinausschwimmen.

Eine besondere Attraktion sind die Buckelwale, die während der Wintermonate in die wärmeren Gewässer der Karibik wandern; außerdem kann man die riesigen Schildkröten beobachten, die zur Eiablage an die Strände kommen.

Praktische Tips

Die Flora beeindruckt durch ihren Artenreichtum, der mit etwa 8.000 verschiedenen Spezies fast dreimal höher als der in Europa ist. Subtropische Pflanzen, wie die in unzähligen Variationen (an die 300 Sorten sollen es sein) blühenden Orchideen, und Früchte (Ananas, Mangos, Guaven und viele mehr) gibt es im Überfluß. Die Edelhölzer dürfen nicht mehr geschlagen werden.

Fotografieren

Möchte man die Einheimischen fotografieren, so sollte dies unbedingt dezent oder mit deren Erlaubnis getan werden. Als Dank ist oftmals eine Münze angebracht. Verboten ist es, militärische Anlagen abzulichten, dies gilt auch für Sperrgebiete, für einige Museen und für Soldaten in Uniform. Filme werden häufig in Apotheken verkauft, womit eine relativ gute Qualitätsgarantie gegeben ist, dennoch sollte auf das Verfallsdatum geachtet werden. Filme sind etwa doppelt so teuer wie in Deutschland.

Geld

Die wichtigste und praktisch überall akzeptierte Währung ist der US Dollar, hiervon ausgenommen sind jedoch die französischen Antillen, wo mit Francs gezahlt wird. Dollar und DM werden auf den Banken entsprechend gewechselt. Eigene Währungen besitzen Kuba, Jamaika, Haiti und die Dominikanische Republik, Dollars sind jedoch auch hier gern gesehen. Auf den meisten der übrigen Inseln gilt der Eastern Caribbean oder der inseleigene Dollar (z.B. Barbados-Dollar). Das einfachste und „allgemeine Zahlungsmittel" ist jedoch die Kreditkarte. Sie wird nur in einfachen Restaurants oder Geschäften nicht akzeptiert. Banken gibt es in den größeren Städten. Dort kann man mit Visa-, Master- oder American Express Card Geld abheben. Auch die Traveller-Checks sind ein gutes Zahlungsmittel. Unbedingt beachtet werden muß, daß die Ausfuhr der landeseigenen Währung verboten ist.

Hotels

Auf gut Glück und ohne Hotelbuchung kann man durchaus in die Karibik fliegen, man sollte hierbei jedoch die Hauptsaison (Nov. - März) vermeiden. Die Infrastruktur der Inseln ist meist sehr gut, Hotels und Apartmenthäuser sind von der einfachen bis zur Luxusklasse vorhanden. Über die Preise, die von Saison zu Saison oft extrem variieren, kann man in der Nebensaison häufig noch verhandeln.

Maße und Gewichte

In der Karibik gibt es kein einheitliches metrisches System. So werden z.B. Entfernungen teils in Meilen teils in Kilometern angegeben (1 Meile = ca. 1,6 km), Stoffbahnen werden nach Yards (0,914 m), Benzin nach amerikanischen Gallons (3,78 l) berechnet; Obst und Gemüse wiegt man nach Unzen und Pounds (1 Pound = 454 gr). Den beliebten Rum gibt es in Flaschen zu 0,75361 Litern.

Medizinische Vorsichtsmaßnahmen

Vorsichtsmaßnahmen gegen tropische Krankheiten sind nicht verpflichtend. Malaria (die gefährliche Form Plasmodium falciparum) tritt jedoch in verschiedenen Gebieten auf, und man sollte sich vor Reiseantritt in den einzelnen Tropeninstituten bzw. Gesundheitsämtern nach Schutzmaßnahmen erkundigen. Polio- und Tetanusschutz ist dringend anzuraten. In manchen seichten Süßgewässern gibt es Bilharzioseerreger; von Waten oder Schwimmen ist hier abzuraten. In den chlorierten Swimmingpools kann man jedoch bedenkenlos baden. Gelbfieber- und Choleraprophylaxe-Impfungen sind nicht notwendig. Weit verbreitet ist dagegen Aids, ein entsprechender Schutz ist unerläßlich!

Netzspannung

Fast jede Insel hat ihr eigenes Stromversorgungssystem, oft sind nur 110 Volt üblich. Ein mitgebrachter multifunktioneller Adapter ist daher ratsam. Gelegentlich wird die Stromversorgung unterbrochen, daher sollte man sich einen kleinen Vorrat an Kerzen halten. Die meisten der guten Hotels verfügen jedoch über einen Generator.

Öffnungszeiten

Ämter, Banken und Sehenswürdigkeiten sind in der Regel Mo - Fr von 8.30 - 17 Uhr geöffnet; die Geschäfte sind Mo - Sa von 8 - 19 Uhr, manche auch am Sonntagvormittag geöffnet. Zwischen 12 und 14 Uhr sind die meisten öffentlichen Einrichtungen geschlossen. Museen und andere Sehenswürdigkeiten sind zusätzlich meist montags geschlossen. Oft ändern sich die Öffnungszeiten von Saison zu Saison.

Post und Telefon

Öffnungszeiten der Post: Mo - Sa 8 - 17 Uhr, oft zur Mittagszeit geschlossen. Briefmarken sind auf Postämtern und gelegentlich in Tabakwarenläden erhältlich oder werden zusammen mit Postkarten verkauft. In den meisten Städten gibt es zusätzliche Faxdienste. Beim internationalen Telefonieren muß man sich in den kleineren Orten verbinden lassen, ansonsten kann man fast von überall direkt wählen. Kartentelefone sind ebenfalls üblich. Die Vorwahl für Deutschland lautet: 0049.

Sprache

Die Nationalsprachen der Antillen sind: Spanisch auf Kuba, Jamaika und in der Dominikanischen Republik, Französisch auf Haiti und den französischen Antillen. Ansonsten kann man sich mit Englisch überall verständigen. Das auf den Antillen übliche Kreolisch ist eine Mischung zwischen der einheimischen Sprache und den Sprachen der ehemaligen Kolonialherren.

Steuern

Bei Hotel- oder Restaurantpreisen sollte man darauf achten, ob die Preise mit oder ohne Steuern angegeben sind, sonst gibt es so manche unangenehme Überraschung, denn der Aufschlag ist beachtlich: zwischen ca. 7-10% in den Restaurants und ca. 15% in den Hotels (10% Service, 5% Zimmer). Dazu kommt noch das Trinkgeld. Auf den amerikanischen Inseln muß man auch auf die Ladenpreise eine Steuer von 7-10% hinzurechnen. Einige Inseln der Kleinen Antillen gelten als Steuerparadiese. Bei den erworbenen Produkten sollte man berücksichtigen, daß der deutsche Zoll die entsprechende Mehrwertsteuer fordert.

Trinkgeld

Aufgrund der relativ geringen Löhne, bei denen das Trinkgeld bereits mit einkalkuliert wird, sind Beschäftigte im Dienstleistungsbereich auf Trinkgeld angewiesen. Man sollte mit 5-10% rechnen, egal ob im Restaurant oder im Taxi. Im Landesinneren wird Trinkgeld bei kleineren Hilfeleistungen oft nicht angenommen, hier ist ein persönliches Geschenk willkommener.

Zeit

Die karibischen Inseln liegen fünf Stunden (sechs auf Kuba, Jamaika und Haiti) hinter der mitteleuropäischen Zeit zurück. Gilt in Europa die Sommerzeit, muß die Uhr 6 (bzw. 7) Stunden zurückgestellt werden.

Zoll

Man darf einen Liter Alkohol, 200 Zigaretten und Geschenke im Wert von ca. 100 US $ sowie Gegenstände zum persönlichen Gebrauch ein- und ausführen. Wer sehr teure Geräte (Foto- oder Filmkameras, Laptops oder CD-Player) mit sich führt, muß sie in den Paß eintragen lassen, wodurch die Wiederausfuhr garantiert ist. Bei größeren Einkäufen ist beim deutschen Zoll die Rechnung vorzulegen, nach der der Zoll berechnet wird. Wer beim Schmuggeln erwischt wird, zahlt erheblich mehr! Auf den amerikanischen Inseln wird oft noch ein Ausfuhrzoll aufgeschlagen.

Impressum

Alle Angaben wurden sorgfältig recherchiert und mehrfach überprüft. Dennoch kann eine Haftung für Änderungen und Abweichungen nicht übernommen werden. Die Colibri-Redaktion freut sich auf Berichtigungen und ergänzende Anregungen. Schreiben Sie auch, wenn Ihnen etwas besonders gut gefallen hat, an den

Compact Verlag
Colibri-Redaktion
Züricher Straße 29
81476 München

Ausgabe 1999
© Compact Verlag München
Chefredaktion: Claudia Schäfer
Redaktion: Bianca Turtur
Redaktionsassistenz: Eva Hofmann, Veneta Lübkert
Produktionsleitung: Uwe Eckhard
Umschlaggestaltung: Inga Koch
Symbole: Sabine Wittmann
ISBN 3-8174-4490-7
4444901

Besuchen Sie uns im Internet
www.compactverlag.de

Bildnachweis:

J. Frangenberg: S. 42

V.E. Janicke: S. 4, 19o., 20u., 22, 24, 25o., 27, 28, 32o., 34, 35, 37, 38, 39, 40, 41, 60, 61, 63u., 64o., 64u., 66, 74, 75, 77, 78, 80o., 80u., 81, 84, 85, 87

H.P. Merten: S. 19u., 20o., 21o., 21u., hintere Umschlagklappe innen rechts

Naturbildarchiv Harald Mielke: S. 8, 9, 10o., 11, 36, 48, 55, 62, 76

G. Nowak (CR-Photo): S. 18, 47, 51, 52, 79, hintere Umschlagklappe außen rechts

Photo Press, Stockdorf, Fotograf: S. 10u., 12, 14, 15, 63o., 68, 70

W. Stuhler: S. 13, 46, 49, 50o., 50u., 53, 54o., 54u., 56

K. Thiele: S. 23, 25u., 26, 33, hintere Umschlagklappe innen Mitte, hintere Umschlagklappe außen links

W. Seitz, edition Vasco: S. 32u., 43, 65, 67, 69, 82, 83, hintere Umschlagklappe innen links und halblinks

Titelbild: Tobago, Palmenstrand am Pigeon Point (Mauritius)